ÉTUDES SUR LE DIX-HUITIÈME SIÈCLE

LA MARÉCHALE
DE LUXEMBOURG

(1707-1787)

PAR

HIPPOLYTE BUFFENOIR

SOUVENIRS — DOCUMENTS
TÉMOIGNAGES

PARIS

ÉMILE-PAUL FRÈRES, ÉDITEURS
100, RUE DU FAUBOURG SAINT-HONORÉ, 100

1924

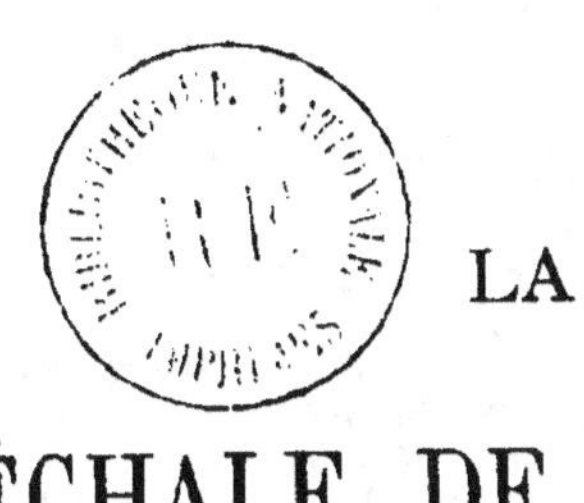

LA

MARÉCHALE DE LUXEMBOURG

PRINCIPAUX OUVRAGES D'HIPPOLYTE BUFFENOIR

POÉSIE

Les Beaux Jours de la Vie, poésies complètes, avec un portrait à l'eau-forte par Abot, 2 volumes.

HISTOIRE

Jean-Jacques Rousseau et les Femmes.
Jeanne d'Arc (collection minuscule), *épuisé*.
Les Visiteurs de Jean-Jacques Rousseau (*épuisé*).
La Comtesse d'Houdetot, une Amie de Jean-Jacques Rousseau (*illustrations*).
Les Charmettes et Jean-Jacques Rousseau (*illustrations*).
Jean-Jacques Rousseau et Henriette.
Les Amies de Chateaubriand (*épuisé*).
Les Tombeaux de Rousseau et de Voltaire au Panthéon.
Les Beaux Jours de Weimar (*épuisé*).
La Comtesse d'Houdetot, sa Famille, ses Amis (*illustrations*).
Causeries familières sur Jean-Jacques Rousseau.
Le Prestige de Jean-Jacques Rousseau (*illustrations*), 1 vol. in-4.
Les Portraits de Robespierre (*illustrations*).
Les Portraits de Jean-Jacques Rousseau (150 illustrations), 3 volumes in-4º.
Hommes et Demeures célèbres. — Première série : **De Marc-Aurèle à Napoléon**, 1 vol. in-8 illustré.
Deuxième série : **De Chateaubriand à Ernest Renan**, 1 vol. illustré.
Troisième série : **De Racine à Victor Hugo**. — Quatrième série : **Autour de J.-.J Rousseau**.

ROMANS

Les Drames de la Place de Grève (*épuisé*).
Le Député Ronquerolle.
Le Roman de Sœur Marie (*épuisé*).

POUR PARAITRE PROCHAINEMENT

Causeries sentimentales.
Un grand Bonheur, Chronique d'Amour de la fin du xixᵉ siècle.
Mon Théâtre : *Maîtresse et Fiancée*, comédie en 1 acte; *L'Orgueil d'une Femme*, comédie en 3 actes; *La Décadence*, drame antique en 5 actes, en vers.
L'influence de l'Art français en Suède, en Russie, en Allemagne et en Angleterre, au dix-huitième siècle.
Les Sentiers de ma Vie, Souvenirs d'Enfance et de Jeunesse.

Tous droits de traduction et de reproduction réservés.

LA MARÉCHALE DE LUXEMBOURG

D'après un portrait à l'huile de l'époque.

Collection de M. le Marquis de Gontaut-Biron

LA MARÉCHALE DE LUXEMBOURG

(1707 - 1787)

PAR

HIPPOLYTE BUFFENOIR

SOUVENIRS — DOCUMENTS
TÉMOIGNAGES

PARIS

ÉMILE-PAUL FRÈRES, ÉDITEURS

100, RUE DU FAUBOURG SAINT-HONORÉ, 100

1924

DEDICACE

Pour Mme Diane de V...

En souvenir des beaux jours de notre jeunesse, je vous dédie cette Etude, écrite au soir de ma vie.

Les femmes seules se comprennent bien. Aussi, ai-je eu soin de me rappeler ce que vous me disiez sur la Maréchale de Luxembourg, dans nos trop rapides causeries du parc de Versailles et de la forêt de Montmorency. Vous retrouverez dans ces pages vos impressions, vos sympathies.

Combien nous aimions évoquer le temps où vivait cette femme entraînante, dont l'esprit, la beauté, le rayonnement, après une jeunesse orageuse, ajoutaient à l'éclat et aux splendeurs qui l'entouraient ! Il me semble que vraiment nous avons vécu dans ce XVIIIe siècle finissant.

La Maréchale, au fond, m'avez-vous répété plus d'une fois, était une sentimentale, c'est pourquoi elle se passionna pour la Nouvelle Héloïse, dont elle eut les prémices, et s'attacha si fortement à Rousseau, le magicien du cœur.

Les lettres qu'elle lui écrivit, en effet, et qui sont reproduites en ce livre, d'après les manuscrits de

Neuchâtel, révèlent la plus admirable amitié, l'affection la plus sincère et la plus dévouée qu'un écrivain ait inspirée à une femme dans le cours des âges. Les jours les plus heureux du philosophe sont bien certainement ceux qu'il connut à Montmorency, quand, d'une main ferme, il eut jeté ses faux amis par-dessus bord, et habita la maison de Montlouis et le Petit-Château des Luxembourg.

Comme tout cela nous a charmés et émus ! Comme cette Maréchale, s'attachant au génie, nous a enchantés ! Elle a été notre amie, elle le sera toujours. Quand de pareils souvenirs illuminent notre vie, qu'importent les apprêts et les rumeurs du monde ! Ah ! fuyons-les, sans retourner la tête ! Fuyons l'affreuse mêlée de l'envie et de la haine ! Le bonheur assuré de l'esprit n'est-il point dans ces sympathies intimes, écloses au souffle de mystérieuses affinités, dans ces admirations qui s'élancent de notre conscience dégagée des vaines prétentions de la société, et qui nous éclairent comme un flambeau magique, au sein de la Nature.

HIPPOLYTE BUFFENOIR.

Paris, juin 1923.

LA MARÉCHALE DE LUXEMBOURG

PRÉAMBULE

PRESTIGE DES LETTRES ET DES ARTS
LEUR ATMOSPHÈRE DE SUPÉRIORITÉ

C'est par les qualités de leur intelligence et de leur cœur que les femmes du XVIIIe siècle parvinrent à connaître et à attirer les esprits éminents de leur époque, à créer et à fréquenter des sociétés d'élite, à y briller, et à devenir elles-mêmes un centre lumineux, un foyer d'influence qui s'impose à l'attention de l'historien, et qui réchauffe encore ceux qui se donnent la peine d'étudier leur vie et d'évoquer leur mémoire.

Ce qui, à nos yeux, doit sauver le souvenir de Mme de Luxembourg du naufrage de l'oubli, naufrage qui engloutit tant de réputations, tant de vanités et tant d'orgueils mal placés, ce ne sont point ses titres de noblesse, ses aventures à la cour de Louis XV, ni même le rôle prédominant de véritable grande dame qu'elle joua dans la seconde partie de sa carrière.

Que de femmes, avant la Révolution, eurent des titres et un rang analogues et même supérieurs à la Maréchale de Luxembourg, et dont le nom dit bien peu de chose maintenant à notre esprit. Figures d'un jour, brillants météores, elles ont paru à l'horizon, elles ont brillé une heure, un matin, une saison, parées de jeunesse, de grâce et de beauté, puis elles sont retombées dans la nuit, et elles dorment à jamais sous la poussière des âges.

Pourquoi le souvenir de la Maréchale de Luxembourg n'a-t-il point sombré, comme tant d'autres ? Pourquoi le narrateur, l'écrivain de mœurs du xviiie siècle est-il forcé de s'arrêter devant elle, et se plaît-il à la faire revivre dans son cadre d'élégance, à Paris et à Montmorency ?

La raison en est simple : son mérite suprême, c'est d'avoir aimé les plaisirs de l'intelligence, d'avoir compris le prestige des lettres et des arts, et d'avoir saisi l'occasion qui se présentait à elle de protéger un grand écrivain, de s'intéresser à ses œuvres, de se montrer son amie, enfin d'attacher son nom à la publication de deux ouvrages considérables dans le mouvement éternel des sentiments et des idées, deux chefs-d'œuvre, la *Nouvelle Héloïse* et *L'Emile*.

De la sorte, elle a pris place jusqu'à un certain point dans l'histoire de la littérature française, et le temps ne pourra jamais lui enlever cet avantage, car le prestige qui vient des lettres et de la pensée, est un prestige impérissable. Tout, dans le monde, est sujet à l'oubli, à l'écroulement, à la dispute des hommes; les empires disparaissent comme les générations; des cités prospères deviennent un amas de ruines avec les siècles, avec les guerres; les ambitions des conquérants sont anéanties; les religions mêmes vieillissent, subissent des transformations, deviennent méconnaissables et finissent par disparaître...

Seules, les lettres sont éternelles et irréductibles. Ce qui a été noblement pensé et noblement exprimé ne meurt pas. Il est telles pages d'Homère, comme le *Retour d'Ulysse dans son palais*, ou les *Adieux d'Andromaque à Hector*, qui nous émeuvent encore jusqu'aux larmes, bien qu'elles datent de trois mille ans; l'*Œdipe Roi* de Sophocle a traversé une longue suite de siècles sans vieillir, et nous allons l'applaudir sur notre Théâtre Français, comme les contemporains de Périclès; les vers admirables de Virgile, qui faisaient pleurer la princesse Octavie, sœur de l'empereur Auguste, au sixième chant de l'*Enéide*, nous donnent encore le frisson divin, et le communiqueront sans faiblir aux générations qui viendront après nous...

Bref, dans ses colères et ses fureurs, l'homme peut faire des Révolutions, briser des trônes séculaires, renverser des empereurs et des rois, ou chasser des Parlements déshonorés, il ne peut rien contre l'œuvre d'un grand écrivain, contre l'œuvre d'art.

Théophile Gautier l'a dit dans *Emaux et Camées* :

> Tout passe. L'art robuste
> Seul a l'éternité.
>   Le buste
> Survit à la Cité !

> Les Dieux eux-mêmes meurent,
> Mais les vers souverains
>   Demeurent
> Plus forts que les airains.

Dans ses immortels *Trophées*, Hérédia, célébrant une médaille antique, s'écrie, lui aussi :

> Le temps passe. Tout meurt. Le marbre même s'use.
> Agrigente n'est plus qu'une ombre, et Syracuse
> Dort sous le bleu linceul de son ciel indulgent ;
>
> Et seul le dur métal, que l'amour fit docile,
> Garde encore en sa fleur, aux médailles d'argent,
> L'immortelle beauté des vierges de Sicile.

Pour en revenir à Mme de Luxembourg, il y avait en elle une fermeté d'esprit qui justement s'inspirait à cette source élevée, fermeté que n'altérèrent ni les entraînements de la jeunesse, ni les frivolités du monde ; fermeté qui fut sa consolation intime à mesure qu'elle avançait en âge et atteignait la vieillesse ; fermeté enfin qui fait, nous le répétons, que sa mémoire n'a point péri, comme celle de tant d'autres de ses contemporaines.

Chapitre Premier

LA DUCHESSE DE BOUFFLERS

Naissance. — Mariage. — Le duc de Boufflers. — Femme d'esprit au sein de la vie mondaine. — Dame d'honneur de la Reine Marie-Leczinska. — Portrait par Mme du Deffand. — La Comtesse et la Marquise de Boufflers. — Récits sans valeur d'un anecdotier. — Un compliment de Voltaire.

La maréchale de Luxembourg, née Madeleine-Angélique de Neufville de Villeroy, fille du duc de Villeroy et petite-fille du maréchal de ce nom, gouverneur de Louis XV, naquit à Paris, le 27 octobre 1707, et fut baptisée à l'église Saint-Roch. Elle mourut à Paris, le 24 janvier 1787. Sa mère était née Marguerite Le Tellier.

Le maréchal de Villeroy s'était signalé par ses galanteries dans sa jeunesse; on l'avait surnommé *le Charmant*. Sa petite-fille tenait beaucoup de lui et avait hérité de ses dons de séduction.

Aucune particularité ne signale son enfance. Son père, Louis-Nicolas de Neufville, duc de Villeroy, remplit une carrière militaire qui ne fut pas sans éclat. Pair de France, il commandait comme capitaine la première et la plus ancienne compagnie française des Gardes du corps du roi : il devint lieutenant-général des armées, gouverneur de Lyon et de la région du Forez et du Beaujolais. Le baron de Besenval, plein d'animosité contre celle qui devint la maréchale de Luxembourg, commence par dénigrer son père. Dans ses *Mémoires*, œuvre sans valeur, il écrit en parlant de lui : « Il menait une vie si obscure que je doute qu'il soit jamais fait mention de son existence, hors dans la généalogie de cette famille. »

Les fonctions remplies par Louis-Nicolas de Neufville, donnent un démenti sans réplique à cet anecdotier, collectionneur de médisances scandaleuses.

Le duc et la duchesse de Villeroy habitaient, à Paris, l'hôtel de Lesdiguières (1). Le duc et la duchesse de Boufflers, née Catherine-Charlotte de Gramont, demeuraient place Royale. Ils vont devenir les beaux-parents de Madeleine-Angélique.

Elle n'avait que quatorze ans à peine, lorsque le 15 septembre 1721, elle épousa à l'église Saint-Paul, à Paris, Joseph-Marie, duc de Boufflers, né en 1706, âgé de quinze ans par conséquent. Il était le fils du duc Louis-François, maréchal de France, de l'école du grand Condé, qui s'était illustré à la guerre, surtout à la défense de Lille, en 1708. La famille de Boufflers était une des plus anciennes de Picardie.

____

(1) L'Hôtel de Lesdiguières, à Paris, était situé rue de la Cerisaie (4ᵉ arrondissement actuel). Il fut vendu pour le percement de la rue de Lesdiguières; sa destruction fut achevée par l'alignement du boulevard Henri IV.

Les noces furent somptueuses, le maréchal de Villeroy
en prit les frais à sa charge.

Au milieu des mœurs dissolues de la Régence, ces
très jeunes époux ne se signalèrent point par leur
retenue, ni par la sagesse de leur conduite. Doués l'un
et l'autre d'un tempérament ardent, fougueux même,
ils semblent vouloir l'emporter par leurs folles équipées. On dirait qu'il y a en eux au début comme un
aiguillon de bravade.

Au mois de juillet 1722, dix mois après son mariage,
le jeune duc de Boufflers se compromettait dans le
parc de Versailles « par une scène de débauche, écrit
M. de Lescure, digne des jours les plus cyniques de la
cour des Valois ». Au mois d'août, il fut exilé en
Picardie, d'après les ordres du maréchal de Villeroy;
on lui donna un gouverneur, comme à un enfant. Sa
femme l'accompagna (1). Cet exil ne fut pas de longue
durée. Une affaire de ce genre, en ce temps-là, était
vite oubliée : c'était la distraction habituelle de la
cour du Régent. Besenval, qui se plaît à nager dans
le scandale, écrit à ce sujet avec assez de justesse :

La licence de la Régence avait fait dégénérer la galanterie
de la cour de Louis XIV en libertinage effronté. Au commencement du règne du roi [Louis XV], les hommes n'étaient
occupés qu'à augmenter authentiquement la liste de leurs
maîtresses, et les femmes à s'enlever leurs amants avec
publicité, et sur ces objets le mensonge suppléait souvent
au défaut de réalité. Les maris, réduits à souffrir ce qu'ils
n'auraient pu empêcher, sans se couvrir du plus grand des

(1) Mémoires de Mathieu Marais. Tome II. Juillet 1722.

ridicules, avaient pris le parti sage de ne point vivre avec leurs femmes. Logeant ensemble, jamais ils ne se voyaient, jamais on ne les rencontrait dans la même voiture; jamais on ne les trouvait dans la même maison, à plus forte raison réunis dans un lieu public. En un mot, le mariage était devenu un acte utile à la fortune, mais un inconvénient dont on ne pouvait se garantir qu'en en retranchant tous les devoirs. Si les mœurs y perdaient, la société y gagnait infiniment. Débarrassée de la gêne et du froid qu'y jette toujours la présence des maris, la liberté y était extrême; la coquetterie mutuelle des hommes et des femmes en soutenait la vivacité, et fournissait journellement des aventures piquantes.

Telle était l'atmosphère qui, à leur entrée dans la vie conjugale, enveloppait le duc et la duchesse de Boufflers. Ils se laissèrent emporter par le courant, sans trop chercher à se défendre. En 1725, lorsqu'eut lieu le mariage de Louis XV, âgé de seize ans, avec Marie Leczinska, âgée de vingt-deux ans, la jeune duchesse fut unanimement désignée pour devenir dame du palais de la reine, honneur qu'elle obtint lorsque Mme d'Alincourt, qui occupait la place, se retira. La reine avait à son service du palais douze dames, choisies dans les plus hautes familles.

Le duc de Boufflers, qui suivait la carrière militaire, obtint vite les faveurs de Marie Leczinska : elle avait pour lui « un faible de cœur », dit Sainte-Beuve. Il fit oublier au service les fautes de sa jeunesse et mourut à Gênes, en 1747, à l'âge de quarante et un ans. Il était question déjà de l'élever à la dignité de maréchal de France. Sa mort excita des regrets dans toutes les classes de la société. Il avait été nommé gouverneur de Flandre, puis colonel d'infanterie; en 1740, nous le trouvons maréchal de camp. Il servit en Bavière et en Bohême; en 1743, il prit part glorieusement à la bataille de Dettingen. Il avait été envoyé au secours de Gênes, menacée par les Impériaux, il battit le comte de Schullembourg, et mourut dans cette ville de la petite vérole. « En mémoire des services qu'il lui avait rendus, la République de Gênes inscrivit parmi les nobles de l'État le nom de Boufflers et celui de sa famille. »

Louis XV écrivit à la duchesse une lettre de condoléance où il exprimait une grande sympathie pour la mémoire de son mari, et aussi pour le fils qui lui survivait. « Ce fut, dit le duc de Luynes dans ses *Mémoires* (1), une vraie perte pour le roi et l'État. Le duc de Boufflers avait de l'esprit, du courage, de la capacité et beaucoup de politesse. » Il laissait une fille qui mourut à quinze ans, non mariée, et un fils, Charles-Joseph, qui après la mort de son père prit le titre de duc de Boufflers, et épousa, le 23 avril 1747. Mlle Marie-Anne-Philippine-Thérèse de Montmorency de Flandre ou de Lagny : de ce mariage naquit une fille qui fut Amélie de Boufflers. Charles-Joseph mourut le 14 septembre 1751, à l'âge de vingt ans.

La duchesse Madeleine-Angélique, dès son entrée à la cour, avait affirmé sa personnalité par deux

____

(1) Tome VIII.

façons d'être caractéristiques, la vivacité de son esprit porté à la raillerie, et une envolée magnifique dans la région des aventures sentimentales : ce fut une belle dépense de jeunesse. D'assez haute taille, elle avait la beauté, une beauté rayonnante, superbe, imposante, qui se développait avec les années, et resplendissait dans l'harmonieuse vigueur de toute sa personne. Elle fit donc rapidement sensation dans la cour nouvelle par l'esprit, la beauté, l'entraînement de sa nature active, comblée de tous les dons.

Ce n'était pas une de ces femmes timides, maigres, éplorées, qui se glissent modestement dans un salon comme un rayon de lune inaperçu, et cachent discrètement la passion qui souvent les dévore. Elle avait de l'allure, une taille imposante, je le répète, des formes d'une venue magistrale, un port de tête plein de majesté et aussi plein d'idées, et elle s'avançait un peu comme un général triomphant qui a beaucoup donné, et qui apparaît entre deux victoires. Elle ne perdait rien toutefois de la grâce de son sexe et de l'élégance de sa race.

Il importe de ne pas confondre la duchesse de Boufflers qui nous occupe, et qui va devenir la Maréchale de Luxembourg, avec deux autres femmes qui portèrent le même nom et furent également des femmes d'esprit. En dehors de la duchesse de Boufflers, il y eut, en effet, la marquise de Boufflers de Remiencourt, née Beauvau-Craon, l'amie de Stanislas, ancien roi de Pologne qui, devenu duc de Lor-

raine, tint sa cour à Lunéville, non sans éclat. Cette
marquise, cousine très éloignée de la duchesse,
douzième degré, avait beaucoup d'esprit et fut l'amie
de Voltaire : elle eut un fils, Stanislas, qui a laissé de
nombreux ouvrages et qui est connu sous le nom de
chevalier de Boufflers; il naquit à Lunéville en 1737.
D'abord homme de plaisir, il embrassa la carrière
militaire, se ruina, et fut envoyé au Sénégal comme
gouverneur : il s'y montra habile administrateur.
Revenu en France, il publia des poésies légères, des
contes libertins, et fut reçu membre de l'Académie
française en 1788. En 1789, il fut envoyé comme
député aux États Généraux.

Il y eut encore la comtesse Marie-Charlotte de
Boufflers-Rouverel, née Campet de Saujon, fille d'un
lieutenant des Gardes du corps du roi. Née en 1725,
elle mourut en 1800. Séparée de son mari, colonel de
cavalerie, elle s'attacha avec éclat au prince de
Conti, grand-prieur de France, qu'elle espérait
épouser. C'était une femme d'un esprit remarquable;
elle fut l'amie dévouée de Jean-Jacques Rousseau.

Nous aurons à parler d'elle assez longuement. Elle fut
surnommée l'Idole du Temple par Mme du Deffand :
on l'appelait aussi la Minerve savante. Elle était de
même cousine éloignée, onzième degré, de la duchesse.

Enfin, rappelons le souvenir charmant d'Amélie de
Boufflers, mentionnée déjà. Petite-fille du duc mort
devant Gênes et de la future Maréchale de Luxembourg, qui prit grand soin de son éducation, elle devint
duchesse de Lauzun, et pendant la Révolution mourut

sur l'échafaud avec courage et simplicité : son mari, Lauzun-Biron, général de la République, fut aussi exécuté.

Ces distinctions établies, revenons à la duchesse. Tant qu'elle porta le nom de son premier mari, elle se laissa aller à sa nature orageuse et passionnée, et sa conduite donna lieu à une série d'anecdotes galantes, évidemment exagérées; la plume des gazetiers et des faiseurs de couplets n'y regarde pas de si près.

Le baron de Besenval, né en Suisse, militaire de profession, caractère extrêmement violent, a consacré à Madeleine-Angélique quelques pages où on sent une animosité féroce et d'autant plus suspecte. On ne peut ajouter foi au témoignage de cet officier emporté, débauché, qui sans doute avait essuyé les refus et les railleries de la duchesse de Boufflers. C'est d'ailleurs un écrivain, ou plutôt un gazetier sans valeur. Alex.-Joseph Ségur, qui lui consacre une notice, en guise de préface, en tête de ses *Mémoires*, écrit : « On ne peut se dissimuler qu'il était plus brillant que profond, plus naturel que cultivé. Le tact subtil et fin qu'il possédait, lui faisait souvent tout deviner, couvrait son peu de savoir, et peut-être l'avait égaré par la facilité qu'il trouvait à parler souvent de ce qu'il ignorait. Il croyait qu'un homme du monde pouvait aisément se passer d'instruction, et que c'était sur son métier (militaire) que devaient porter toutes ses études. »

Le duc de Lévis, dans ses *Souvenirs et Portraits*, émet ce jugement : « Le baron de Besenval avait eu beaucoup de succès auprès des femmes. Cependant ses manières avec elles étaient trop libres, et sa galanterie était de mauvais ton ; même entre hommes, sa conversation était plus cynique et sa gaieté plus railleuse qu'enjouée. »

Plus loin, parlant des *Mémoires* de ce soudard, le duc de Lévis écrit : « Ils n'ajoutent rien à l'opinion que l'on avait de sa capacité et de son esprit, et ils ne confirment que trop celle qu'avaient tous ceux qui le connaissaient du relâchement de ses principes, ou, pour dire le mot, de son immoralité. Les aventures galantes qu'il raconte, et qui sont loin d'être toutes avérées, sont fâcheuses pour les familles distinguées qu'elles concernent, et les réflexions scandaleuses qui les accompagnent le sont encore plus pour sa mémoire. »

Le baron de Besenval, d'après ces jugements, apparaît comme une espèce de stercoraire qui se plaît à inventer et à décrire des scènes scabreuses dont il charge les personnages qui lui déplaisent : « Sa galanterie était de mauvais ton... » dit le duc de Lévis. Ces seuls mots expliquent son animosité contre Mme de Luxembourg dont le bon goût était exquis, et enlèvent toute créance à ses récits.

Une plate chanson du comte de Tressan a beaucoup contribué à laisser trace des aventures de Madeleine-Angélique : tous les écrivains en ont cité le refrain :

> Quand Boufflers parut à la cour,
> On crut voir la mère d'Amour :
> Chacun s'empressait de lui plaire,
> Et chacun l'avait à son tour.

Mme de Boufflers, paraît-il, le chantait elle-même, et arrivée au dernier vers, disait : « J'ai oublié le reste ! » Un jour, elle fit l'éloge de ce refrain à M. de Tressan, et lui demanda s'il en connaissait l'auteur : flatté dans sa vanité, il eut l'imprudence d'avouer que c'était lui; elle lui donna alors une vigoureuse paire de soufflets. Le comte de Tressan (1705-1783) se signala par ses services dans l'armée et par ses travaux littéraires, notamment une traduction de *Roland furieux* de l'Arioste, et par des Extraits de nos romans de chevalerie. Il fut de l'Académie française. Le roi Stanislas lui confia la charge de grand maréchal du palais, à sa cour de Lunéville.

Très bien vue à la cour, choyée de la reine qu'elle savait distraire par son esprit, et dont elle avait la confiance et l'amitié, la duchesse était de tous les soupers, de toutes les parties de plaisir en compagnie des favorites, les trois sœurs de Nesle. Elle était liée surtout avec Mme de Châteauroux et avec Mme de Villars. Évidemment, elle était douée d'un grand charme : « elle possède l'art de plaire à tous les partis », disait Maurepas. Ce butor de Besenval, avant de la maltraiter, ne peut s'empêcher d'écrire : « Du côté de la figure, Mme de Boufflers était une des femmes des plus accomplies qui eut jamais paru; son esprit était agréable et plein de grâces. »

Elle ne semb e pas avoir eu une intimité marquée avec Mme de Pompadour qui, peut-être, redoutait en elle une rivale possible. Louis XV n'était pas sans avoir remarqué et sans connaître son élégance, son entrain, son esprit, son mérite : quelle ressource pour son incurable ennui ! Le 15 août 1742, elle fut pour la première fois du voyage du roi à Choisy.

La marquise du Deffand fut très liée avec la duchesse, surtout après son second mariage qui lui donna le titre de Maréchale de Luxembourg. Elle en parle souvent dans ses lettres que nous citerons plus loin. Dès maintenant, nous voulons rappeler le portrait très remarquable qu'elle a tracé, et qui se rapporte à la seconde jeunesse du modèle, à la femme de trente à trente-cinq ans. C'est là un document de premier ordre qu'il faut citer en entier.

Mme la duchesse de Boufflers est belle sans avoir l'air de s'en douter; sa physionomie est vive et piquante, son regard exprime tous les mouvements de son âme; il n'est pas besoin qu'elle dise ce qu'elle pense, on le devine aisément, pour peu qu'on l'observe.

Ses gestes ont tant de grâce, ils sont si naturels et si parfaitement d'accord avec ce qu'elle dit, qu'il est difficile de n'être pas entraîné à penser et à sentir comme elle.

Elle domine partout où elle se trouve, et elle fait toujours la sorte d'impression qu'elle veut faire; elle use de ces avantages presque à la manière de Dieu, et elle nous laisse croire que nous avons notre libre arbitre, tandis qu'elle nous détermine, et qu'elle fait ainsi que lui des élus et des réprouvés du haut de sa toute-puissance; aussi, ceux qu'elle punit de ne la point aimer pourraient lui dire : *Vous l'auriez été, si vous aviez voulu l'être.*

Elle est pénétrante à faire trembler; la plus petite prétention, la plus légère affectation, un ton, un geste qui ne seront pas exactement naturels, sont sentis et jugés par elle à la dernière rigueur; la finesse de son esprit, la délicatesse de son goût ne lui laissent rien échapper; ces qualités qui sont si rares et qui devraient être si agréables, sont cependant bien dangereuses quand elles ne sont pas accompagnées d'un peu d'indulgence et de beaucoup de prudence.

Les hommes ne nous aiment point par le mérite qu'ils trouvent en nous, mais par celui que nous leur trouvons.

Mme de Boufflers, en général, est plus crainte qu'aimée; elle le sait, et elle ne daigne pas désarmer ses ennemis par des ménagements qui seraient trop contraires à la vérité et à l'impétuosité de son caractère.

Elle se console par la justice que lui rendent ceux qui la connaissent plus particulièrement, et par les sentiments qu'elle leur inspire.

Elle a beaucoup d'esprit et de gaieté, elle est constante dans ses engagements, fidèle à ses amis, vraie, discrète, serviable, généreuse; enfin, si elle était moins clairvoyante, ou si les hommes étaient moins ridicules, ils la trouveraient parfaite. (1)

Voilà un portrait tracé de main de maître et qui restera définitif; Mme du Deffand n'a pas laissé une page meilleure. On sait que l'indulgence n'était pas son fait, et qu'aucun travers n'échappait à sa perspicacité toujours en éveil. Pour avoir fait la conquête de ce redoutable juge d'instruction, il fallait que la duchesse de Boufflers eut de remarquables qualités d'intelligence, de cœur, d'esprit. L'intelligence, l'esprit ! C'était là, avant tout, le grand trait d'union de ces deux femmes, le ressort actif de leur sympathie. Mme du Deffand n'était pas une sentimentale : nature

____

(1) *Correspondance de la Marquise du Deffand*, publiée par M. de Lescure. Tome II. Appendice.

desséchée par la désillusion, par l'analyse à fond des vanités humaines, par le sentiment de la fuite rapide de notre vie, elle n'attachait guère de prix qu'au plaisir de comprendre, qu'au rayonnement du bon sens, qu'aux étincelles de l'esprit se jouant sur l'universelle bêtise. La duchesse lui en imposait par sa riche nature.

Auprès de ce portrait si vivant, si nuancé, si captivant, combien pèsent peu la basse chronique de l'effronté baron de Besenval, et celles d'autres gazetiers du temps, toutes ramassées dans les offices et alimentées par une valetaille ignorante et vicieuse.

De l'année de son mariage, 1721, jusqu'à la mort de son mari, la duchesse de Boufflers mena donc une vie de cour, de plaisir, de fêtes mondaines. Elle résidait soit à Paris, rue d'Anjou, dans le faubourg Saint-Honoré, soit à Versailles, prodiguant son esprit, animant par son entrain les soupers, les soirées, les bals où la haute société se disputait sa présence, bref s'affirmant en tout avec une supériorité que tous admiraient.

Bien qu'un peu en froid avec la favorite du roi, elle prononça une parole qui fut remarquée et répétée, quand on lui annonça la disgrâce de M. de Maurepas : « Voilà donc enfin, dit-elle, la vie de Mme de Pompadour en sûreté ! (1)

A la date du 1er novembre 1745, le duc de Luynes écrit : « Avant-hier, la reine ne soupa point chez elle,

____

(1) Mémoires de d'Argenson : Avril 1749.

ni chez moi, et l'on ne savait point où elle était allée souper. Ce fut un souper particulier **que** Mme la duchesse de Boufflers lui donna dans **son** appartement ici dessus dans les attiques (à Versailles). Mme de Villars y était, Mme de Bouzols, Mme de Saint-Florentin et Mme d'Andlau. »

D'autres faits encore attestent l'intimité de **la** reine et de la duchesse. Ainsi celle-ci, chaque **année,** faisait un cadeau à Marie Leczinska, à l'occasion **du** jour de l'an. Pour ses étrennes de 1749, elle lui offrit une pagode de porcelaine, accompagnée d'un **billet** où elle avait écrit ces vers :

> Le sage Epiménide est offert à vos yeux ;
> La Grèce lui donna naissance,
> Il instruisit son siècle, il respecta les Dieux,
> Et sa vertu n'obtint pour récompense
> Que ce sommeil mystérieux.
> Puisse un plus digne prix récompenser la vôtre !
> Son siècle fut privé d'un utile secours :
> Que de cent ans le ciel prolonge encor vos jours,
> Pour le bonheur et l'exemple du nôtre !

Les compliments en vers et en prose ne manquaient pas à la duchesse. Voltaire un jour lui adressa **un** madrigal sous ce titre : *A Madame de Boufflers* **qui** *s'appelle Madeleine.*

C'était, je pense, pour sa fête ; le voici :

> Votre patronne en son temps savait plaire ;
> Mais plus de cœurs vous sont assujettis.
> Elle obtint grâce, et c'est à vous d'en faire,
> Vous qui causez les feux qu'elle a sentis.

Votre patronne, au milieu des apôtres,
Baisa les pieds du maître le plus doux :
Belle Boufflers. il eut baisé les vôtres,
Et saint Jean même en eut été jaloux !

Faut-il le dire ? Cette existence mondaine nous apparaît comme singulièrement vide, comme une série de distractions futiles, comme une dépense agréable de la fortune, de la jeunesse, du temps, mais en réalité elle ne peut satisfaire longtemps une âme bien douée comme était celle de Madeleine-Angélique : tôt ou tard, la lassitude, sinon le dégoût, succède à l'entrainement, aux rires, aux couplets de joie, aux bons mots, aux réparties gaillardes, aux propos libertins.

D'ailleurs, nos forces ont des limites, nos organes ont besoin d'être ménagés; la tête, l'estomac, ne résistent que pendant une certaine période au déréglement, à l'abus, à la folle déraison. On se fatigue d'aller même en carrosse, ou en chaise à porteurs. De la lassitude physique naît l'ennui, l'ennemi le plus terrible de l'homme. La cour de Louis XV, et Louis XV lui-même, Louis XV surtout, nous offrent, à cet égard, un beau sujet d'études.

La duchesse de Boufflers serait bien oubliée, comme tant d'autres femmes captivantes de son temps, si nous ne trouvions dans sa vie que cette période de brillante parade et de fastueuse représentation.

CHAPITRE II

———

LA MARÉCHALE DE LUXEMBOURG

———

*Mariage avec le duc de Luxembourg. — Réforme morale. —
Jugement du Comte d'Haussonville. — Etat de la société
du XVIIIe siècle caractérisé par l'abbé de Voisenon. —
Création d'un salon par Mme de Luxembourg (1750-1787).
— Il diffère de celui de Mme du Deffand, de celui de
Mme Geoffrin. — Jugements du duc de Lévis, de Mme de
Genlis, du prince de Ligne, du Comte d'Allonville, des
Goncourt. — Le salon de Mlle de Lespinasse. — Bonté de
la Maréchale. — Hommages qu'elle reçoit. — Son goût pour
les lettres, les objets d'art, la curiosité. — Ses armes.*

Entre 1747 et 1750, en franchissant le cap de la
quarantaine, la duchesse de Boufflers jugea qu'elle
avait donné assez de gages au plaisir, aux équipées de
la jeunesse. Veuve, elle possédait plus de quatre-
vingt mille livres de rente; elle avait conservé
vingt mille livres de pension sur le gouvernement de
Lille, depuis la mort de duc de Boufflers; elle béné-
ficiait auprès de la reine Marie Leczinska de la
faveur dont avait joui son défunt mari; elle avait une
liaison attitrée avec le duc de Luxembourg qui, par
sa fortune et son nom, jouissait d'un grand prestige.

Elle se décida alors à faire une fin, et voulut régulariser cette dernière liaison. Le bâton de maréchal de France devait être accordé au duc de Luxembourg, le 24 février 1757. Ses services militaires, le grand nom qu'il portait lui valurent ce titre suprême : il était, rappelons-le, le petit-fils du Tapissier de Notre-Dame, son père Charles-François-Frédéric de Montmorency-Luxembourg, duc de Luxembourg, en était le fils aîné : c'est la première branche des Montmorency-Luxembourg.

Né le 31 décembre 1702, mort à Paris le 18 mai 1764, Charles-François-Frédéric de Montmorency, duc de Luxembourg, comme son père, conquit ses premiers grades en Espagne et sur le Rhin, puis il servit en Bohême sous le maréchal de Belle-Isle. Il couronna sa carrière militaire par la défense des côtes normandes contre les Anglais. Un mois après son mariage avec la duchesse de Boufflers, il prêta serment entre les mains du roi à l'occasion de sa nomination de capitaine des Gardes du corps, charge de confiance et d'honneur près de la personne du souverain. Il avait épousé en premières noces Mlle Marie-Sophie-Honorate Colbert de Seignelay, dont il eut un fils, le duc de Montmorency, mort en 1761, et une fille qui devint princesse de Robecq, et mourut en 1760. Ayant parlé d'elle imprudemment dans un pamphlet contre Palissot, l'abbé Morellet fut mis à la Bastille en 1760. D'Alembert s'occupa de l'en faire sortir, et demanda à Rousseau de l'aider auprès de la famille de Luxembourg : nous parlerons plus loin de cette affaire. Le duc de Luxembourg, petit-fils du maréchal Charles-François-Frédéric, mourut la même année que son père, en 1761.

N'oublions pas de mentionner, en passant, que la première femme du duc de Luxembourg, futur maréchal de France, Marie-Sophie-Honorate Colbert de Seignelay, était une bibliophile émérite. Ernest Quentin-Bauchart, de bien sympathique mémoire, lui rend hommage dans son bel ouvrage : *Les Femmes Bibliophiles de France, XVIe, XVIIe, XVIIIe siècles.*

Le duc de Luynes, dans ses *Mémoires* (1), mentionne ainsi le mariage du futur maréchal : « *Du mardi* 30 [juin 1750], *Compiègne.* — Nous apprîmes hier que la nuit d'avant-hier à hier se fit le mariage de M. de Luxembourg avec Mme de Boufflers, à la paroisse de la Magdeleine, qui est celle de Mme de Boufflers. Il y avait longtemps que l'on parlait de ce mariage, et quoique Mme de Boufflers n'en convint point, tout l'annonçait. »

Madeleine-Angélique opéra dans sa vie une réforme qu'on ne peut qu'admirer. Dès juillet 1749, elle s'était retirée « de la cour active », en se démettant de la place de dame du palais de la reine en faveur de sa belle-fille, Marie-Anne-Philippine-Thérèse; elle avait pris la résolution énergique, qu'elle sut tenir, de rompre tout à fait avec les galanteries du passé. Nous allons nous trouver en présence d'une femme transformée, qui petit à petit va devenir l'arbitre du

____

(1) Tome X. Juin 1750.

bon ton, de l'élégance, des bonnes manières, de la vie régulière et ordonnée, et qui, jusqu'à sa mort, en 1787, jouera un rôle social considérable au milieu de la société polie.

Le comte d'Haussonville, dans son ouvrage, *Le Salon de Madame Necker*, écrit avec discernement : « La Maréchale de Luxembourg avait compris que, passé un certain âge, la galanterie chez une femme devient un ridicule, et elle avait tourné non pas à la dévotion, car pareille conversion n'était pas nécessaire au xviiie siècle; non pas même à l'esprit, car précisément par ce qu'elle en avait beaucoup, elle n'avait pas besoin d'en tenir bureau, mais à la bienséance. Dans son hôtel de Paris, comme dans sa maison de campagne de Montmorency, elle n'avait point de peine de réunir la meilleure compagnie qui venait lui demander des leçons d'élégance et de savoir-vivre. C'est là que jeunes femmes et jeunes gens faisaient leur début, et que l'abbé de Périgord (le futur prince de Talleyrand) attirait pour la première fois l'attention sur lui par une de ces réparties heureuses dont il devait plus tard se montrer si prodigue. »

L'hôtel de Luxembourg était situé rue Saint-Marc, à Paris. Bâti en 1704, par Lassurance, pour Thomas de Rivié, secrétaire du roi, il fut habité successivement par Desmarets, contrôleur des Finances, puis par le duc de Montmorency-Luxembourg. L'entrée était rue Saint-Marc; derrière il y avait un jardin, avec une porte sur le boulevard. En 1800, on construisit le passage des Panoramas sur son emplacement, puis, en 1808, le Théâtre des Variétés, qui occupe une partie de la place des jardins.

C'est dans cet hôtel, et à la belle saison, au château de Montmorency, que la Maréchale, pendant une bonne trentaine d'années, va exercer une sorte de souveraineté mondaine, en créant un salon, et en y recevant la société polie.

Nous partons ici de 1750 et nous arrivons à 1787 : c'est la période la plus intéressante du xviiie siècle, celle où « le plaisir de vivre », si cher à Talleyrand, fut le mieux pratiqué et senti, où le cœur, l'esprit, toutes les facultés flottaient dans l'allègement, le sourire, le sentiment d'un bonheur présent, et l'espérance d'un avenir plus fortuné encore.

Quand l'abbé de Voisenon, en 1763, succéda à Crébillon, à l'Académie française, il caractérisa avec sagacité, dans son discours de réception, cet état heureux et il en expliqua les causes :

Il faut que les grands, dit-il, soient bien supérieurs à leur propre grandeur, quand ils peuvent deviner les plaisirs de l'égalité. Ce fut ce mélange des hommes de la cour et des gens de lettres, qui leur devint réciproquement utile.

Les premiers n'avaient qu'une superficie brillante, et les autres qu'une érudition dépouillée d'agrément. Ils se communiquèrent ce qui leur manquait, s'enseignèrent leur langue sans se donner de leçons, et les exemples tinrent lieu de préceptes.

Les gens de cour apprirent à raisonner, les gens de lettres apprirent à converser : les uns cessèrent de s'ennuyer, et les autres d'être ennuyeux. Le besoin de s'occuper et celui de se dissiper fut également senti de chaque côté. Les uns s'instruisirent en consacrant quelques heures à leur cabinet, et les autres en le quittant. L'homme frivole, en fréquentant l'homme éclairé, devint capable de le juger, et dès lors il fut digne qu'en écrivant on travaillât pour lui plaire.

Les auteurs acquirent de la délicatesse en proportion du goût de leurs lecteurs; ils n'eurent recours qu'à leur génie pour le plan, le dessein et la correction des ouvrages; mais ce fut l'usage du monde qui leur donna le coloris, et qui leur apprit que les grâces de la négligence l'emportent quelquefois sur un style desséché par l'exactitude.

La Maréchale de Luxembourg avait compris cette transformation de la société et ne demandait qu'à s'y prêter : en voulant créer un salon, elle avait pour objectif le maintien des bonnes manières, du bon et beau langage, des conversations fines, agréables, utiles, bref tout un mouvement intellectuel de haut intérêt.

Créer un salon de ce genre, conquérir l'autorité mondaine, l'influence, le prestige, c'était pour elle une rude besogne, étant données et étant connues les aventures de sa jeunesse. Elle y parvint cependant. A dater de 1750, aussitôt après son mariage avec le futur maréchal de Luxembourg, elle commence sa réforme et se met à l'œuvre.

Adieu les liaisons éphémères, les plaisirs d'apparat, les entraînements libertins ! Tout cela, c'est le mirage du printemps de la vie, la dépense enchantée des forces juvéniles; on s'élance en chantant à la conquête du monde, et on sourit des conseils et de la réserve des sages...

Que reste-t-il dans l'âme de toutes ces belles campagnes ? Quelques souvenirs confus, dont on ne peut guère parler, tel un brouillard d'automne au fond de la vallée. Allons ! Allons ! dit-on alors, secouons tout ce passé comme une poussière, et mettons-nous en marche vers d'autres horizons !

Madeleine-Angélique dut avoir un monologue de ce genre, pendant la cérémonie de son mariage; elle s'épura, se transforma, devint une autre femme. La légende du chemin de Damas de saint Paul est au fond très humaine; pour beaucoup de créatures elle se réalise : on rentre en soi-même, on juge son passé, on rougit de soi, on veut se racheter, et riche d'expérience, on s'élance à son tour vers les voies lumineuses de la raison.

A partir de ce moment, dit M. de Lescure, la Maréchale s'appliqua, par des prodiges de grâce et de tact, par des miracles d'habileté et de patience, à effacer le souvenir de ses trop nombreuses galanteries, et à se faire accorder la royauté de la mode et du goût... Ce n'était pas là une petite affaire, ni une facile victoire. Il a fallu du génie à cette femme, jadis si décriée... Eh bien ! en quelques années d'une lente et habile métamorphose, elle avait triomphé du souvenir de ses égarements, et par l'esprit, par la grâce, par la flatterie, par la crainte, par ces beaux yeux qui lui étaient restés, elle était arrivée non seulement à la considération, mais au respect, et elle exerçait sur la cour et sur la littérature elle-même une sorte de redoutable et despotique domination. Une présentation à la cour en 1760, ne suffisait pas. Il fallait être agréé par Mme de Luxembourg. L'aveu du roi donnait le rang, l'aveu de la Maréchale faisait l'opinion.

On peut, d'après ces données, se faire une idée du caractère et de l'importance qu'eut le salon de Mme de Luxembourg, du rôle prépondérant qu'il joua dans cette seconde moitié du XVIIIe siècle, du relief, de l'attirance, du prestige de la maîtresse de la maison.

Ce ne fut point un salon comme celui de Mme du Deffand, qui n'apparaît que comme une réunion de beaux esprits, où, certes, la conversation était brillante, d'autant plus qu'elle était aiguisée par une critique savante, impitoyable, par une moquerie de bon ton, mais ces brillants feux d'artifices n'étaient-ils pas stériles ? Je ne sais quel vent de scepticisme, quel simoun d'incroyance méphistofélique passait là, et desséchait tout.

Mme du Deffand s'ennuyait, cherchait incessamment à distraire sa remarquable intelligence qui, vite, très vite, épuisait tout plaisir, mais elle n'aimait personne ; tout pour elle se transformait — c'était fatal — en désillusion, en dégoût, en fiel, en noir venin qu'elle distillait de son mieux, la plume à la main, après quoi elle retombait plus meurtrie dans son incurable ennui. Née en Bourgogne en 1697, elle vécut jusqu'en 1780. En 1751, à l'âge de cinquante-quatre ans, elle perdit la vue, mais n'en continua pas moins à mener une vie très active de réception, de soupers, de fêtes.

Le salon de la Maréchale ne ressemblait guère non plus à celui de Mme Geoffrin, qui n'était, en réalité, que le prolongement d'une bonne table d'hôte. Certes, si cette brave bourgeoise, fille d'un valet de chambre de la Dauphine, « avait peu de goût et encore moins de savoir », comme le dit Walpole (1), elle était douée d'un grand bon sens, et se rendait compte que la culture intellectuelle lui manquait; elle avait très bien compris que, pour jouer un rôle et devenir un personnage, une bonne table peut y suppléer, et attire toujours les invités : c'est une question de taet et de fortune, elle possédait l'un et l'autre.

« Mme Geoffrin, écrit Marmontel dans ses Mémoires, avait fondé chez elle deux dîners... et une chose assez remarquable, c'est que, sans aucune teinture ni des arts ni des lettres, cette femme, qui de sa vie n'avait rien lu ni rien appris qu'à la volée, se trouvant au milieu de l'une ou de l'autre société [gens de lettres ou artistes], ne leur était point étrangère. »

Son grand mérite eut sa base solide dans ses plantureux dîners du mercredi, puis dans ceux du lundi réservés aux artistes. On mangeait bien, on buvait sec dans le Royaume de la rue Saint-Honoré; la conversation évidemment se ressentait de la succulence des mets, de la noblesse des vins, de l'arome des eaux-de-vie, et il n'est pas difficile de comprendre que les convives, se levant de table et passant au salon, devaient avoir « le cœur et l'estomac pleins de reconnaissance ». Comme les bons mots, les anecdoctes scabreuses racontées à mi-voix, les rires prolongés devaient fuser alors sous les lambris, et résonner comme une fanfare !

(1) Lettre à Gray, 25 janvier 1766.

Un personnage qui ne riait pas, lui, c'était le mari, de trente-quatre ans seulement plus âgé que sa femme, maître François Geoffrin, ancien caissier de la Compagnie des Glaces de Saint-Gobain, qui avait habilement fait une belle fortune, et dont les fonds et réserves subvenaient à tout ce mouvement de haute cuisine et de belle vaisselle.

Ah ! le pauvre homme ! C'était un taciturne — je le crois bien — un excellent ignorant qui, ayant lu plusieurs fois de suite, sans s'en apercevoir, le tome Ier d'un ouvrage de voyages, et croyant avoir lu les tomes II et III, disait : « Cet ouvrage est très intéressant, mais il me semble que l'auteur se répète un peu. » L'infortuné, relégué au bout de la table, ne disait pas un mot, n'ouvrait la bouche que pour avaler son potage ; sûrement il ne comprenait rien à la conversation des écrivains, des hommes d'esprit, des philosophes qui s'en donnaient à cœur joie, et se délassaient de leurs travaux en faisant honneur à cette table hospitalière.

Mme Geoffrin n'était pas commode : le pauvre vieux lui obéissait sans objection, acceptait tout, ouvrait sa caisse, payait. Il était la victime résignée de l'intrépide vanité de sa femme.

L'armature cachée des relations de la marquise du Deffand, et de celles de Mme Geoffrin, — ici distractions à un prodigieux ennui, là satisfaction d'une vanité de parvenue sortie de la domesticité — cette armature, dis-je, fait comprendre quelle différence offrait le salon de Mme de Luxembourg. Ce n'était ni pour se désennuyer, ni pour se procurer le plaisir inférieur de présider une table d'invités de marque, que la Maréchale recevait, c'était pour le plaisir élevé et utile de mettre les jeunes gens de bonne éducation en contact avec leurs aînés, de contribuer ainsi à la formation des esprits, à la naissance et au maintien des sympathies, des relations, à la continuité des bonnes traditions, des usages agréables, des nobles élégances de la race française. Ce fut là son ascendant, le secret de son influence et de l'oubli de ses aventures.

Le duc de Lévis (1), dans son livre si intéressant : *Souvenirs et Portraits*, fait très bien ressortir ce rôle social sur lequel l'avaient renseigné beaucoup de ceux qui l'avaient vu prendre corps et se développer. Il n'avait connu la Maréchale que dans sa vieillesse, quand lui était jeune encore.

A l'aide d'un grand nom, dit-il, de beaucoup d'audace, et surtout d'une bonne maison, la Maréchale de Luxembourg était parvenue à faire oublier une conduite plus que légère, et à s'établir arbitre souveraine des bienséances, du bon ton et de ces formes qui composent le fond de la politesse. Son empire sur la jeunesse des deux sexes était absolu; elle contenait l'étourderie des jeunes femmes, les forçait à une coquetterie générale, obligeait les jeunes gens à la retenue et aux égards; enfin elle entretenait le feu sacré de l'urbanité française; c'était chez elle que se conservait intacte la tradi-

---

(1) Le duc de Lévis, (1775-1830), publia son livre : *Souvenirs et Portraits*, en 1813. Il fut nommé membre de l'Académie française par une ordonnance royale de 1816.

tion des manières nobles et aisées que l'Europe entière venait admirer à Paris, et tâchait en vain d'imiter. Jamais censeur romain n'a été plus utile aux mœurs de la République que la Maréchale de Luxembourg l'a été à l'agrément de la société pendant les dernières années qui ont précédé la Révolution.

On avait d'autant plus besoin alors d'une pareille censure que l'anglomanie, avec ses clubs, ses fracs et sa rudesse, envahissait déjà la bonne compagnie. La licence en détruisait le charme, en ôtant ce que nous avions de mieux, les dehors agréables. S'il fallait absolument opter, il vaudrait mieux sans doute être vertueux qu'aimable; mais la grossièreté ne donne pas des principes, et le cynisme, ajouté à la corruption, rend le vice hideux.

A ce témoignage important d'un personnage autorisé, nous pouvons ajouter celui de Mme de Genlis dans ses *Mémoires*, qui renferment quelques pages utiles. Elle avait connu Mme de Luxembourg à l'Isle-Adam, chez le prince de Conti.

La Maréchale, dit-elle, avait beaucoup d'esprit naturel, et cet esprit était rempli de finesse, de délicatesse et de grâce. Elle jugeait sans retour sur une expression de mauvais goût... Sa désapprobation qu'elle n'exprimait jamais que par une moquerie laconique et piquante, était une sentence sans appel. Celui qui la recevait, perdait communément cette espèce de considération personnelle qui faisait que l'on était recherché dans la société, et toujours invité aux petits soupers, où l'on ne voulait rassembler que des personnes aimables et de bon air. Ce genre de considération était alors très désirable et très envié... La Maréchale était véritablement l'institutrice de toute la jeunesse de la cour, qui mettait une grande importance à lui plaire.

Ainsi la Maréchale aimait le beau langage, le langage pur, correct : cependant ce n'était pas une précieuse. Elle prétendait même — et ce trait de fantaisie ne manque pas d'originalité — qu'il ne fallait adresser à Dieu que des prières rédigées dans un style très pur et très noble, car, disait-elle, en souriant, « nous avons plus de chance ainsi d'obtenir ce que nous demandons ». Il lui paraissait dans l'ordre des choses qu'une femme bien élevée doit toujours bien parler, même dans ses prières, surtout dans ses prières, car enfin, pensait-elle, si elle parle mal à Dieu, comment pourra-t-elle bien parler aux hommes, à son mari, à ses amis ?

Le prince de Ligne, observateur pénétrant (1735-1814), a laissé, lui aussi, dans ses copieux *Mémoires*, un portrait de la Maréchale où nous lisons :

Esprit doux, dit Saint-Lambert de Mme de Luxembourg, qui en séparait l'aigreur par le piquant de ses mots, le goût sévère et plaisant, sa manière de définir et de juger; qui se plaisait à embarrasser tout le monde, qui avait une manière extraordinaire d'interpeller, qui dictait sans appel les lois du ton excellent qui, sans elle, n'eut plus existé en France; qui ne passait rien à personne, ni une expression, ni un tutoiement, ni une autre familiarité; qui racontait si plaisamment, d'un air détaché; qui déjouait si bien ceux qu'elle n'aimait pas; qui était l'exemple et le précepteur de la bonne compagnie, quoiqu'elle ait été par sa conduite bien mauvaise compagnie dans sa jeunesse.

Dans ses *Mémoires secrets*, qui vont de 1770 à 1830, le comte d'Allonville consacre une page à

Mme de Luxembourg, et, après quelques sévérités, rend hommage à ses qualités d'éducatrice, au sujet d'Amélie de Boufflers, sa petite-fille. « Elle lui donna, écrit-il, la meilleure éducation et ne sembla réformer sa vie que pour l'intérêt de cette femme céleste. Le monde, dans ma jeunesse, ne l'a connue que redoutée et considérée... les succès qu'elle obtint dans cette éducation, la vertu simple, pure et modeste qu'elle inspira à sa petite-fille offrent une double réparation pour une conduite jadis coupable, chose dont le public dut lui savoir et lui sut gré. »

Parmi les écrivains modernes, les frères de Goncourt, ces fervents du xviiie siècle, ont admirablement compris le rôle social supérieur joué par Mme de Luxembourg; l'hommage qu'ils lui rendent peut compter parmi les pages les plus pénétrantes qu'ils ont écrites. Nous en donnons quelques passages :

Vers les derniers mois de l'année 1750, se fondait à Paris un salon qui allait être pendant toute la seconde moitié du xviiie siècle, le premier salon de Paris, le salon de l'ancienne Mme de Boufflers, de la toute nouvelle Maréchale de Luxembourg (1). Rien n'était épargné par la Maréchale pour en faire le centre d'un siècle d'intelligence.

Jalouse du bruit, de l'influence de l'hôtel Duras, de l'agrément que lui donnait Pont de Veyle (2), elle imaginait de décider la duchesse de la Vallière, son amie intime, à donner congé à Jélyotte pour s'attacher le comte de Bissy; et le

(1) Les Goncourt oublient que la duchesse de Luxembourg ne devint Maréchale qu'en 1757.

(2) Le comte de Pont de Veyle était le frère aîné du comte d'Argental (1697-1774).

comte de Bissy, qu'elle faisait entrer à l'Académie par le crédit de Mme de Pompadour, devenait ce personnage de première nécessité, ce meuble de fondation, l'homme d'esprit de la maison (1).

La duchesse de la Vallière, rompant sa liaison avec Jélyotte, le chanteur célèbre, et le remplaçant, séance tenante, par le comte de Bissy, pour obliger sa grande amie, est un fait bien caractéristique des mœurs du XVIIIe siècle. Fait qui ne l'est pas moins, le duc de la Vallière, lui, tenait à Jélyotte qui donnait du lustre et de l'agrément à sa maison : apprenant qu'il était congédié, il lui dit : « Quoique vous ne soyez plus désormais ami de ma femme, je veux que vous n'en soyez pas moins des miens; nous vous aurons quelquefois à souper. » C'est le marquis d'Argenson qui nous a transmis cette belle invitation. Bibliophile passionné, le duc de la Vallière possédait une bibliothèque magnifique par le choix des éditions et la richesse des reliures. Il avait aussi réuni une collection de tableaux de premier ordre.

Les Goncourt disent plus loin :

Pourtant, le véritable homme d'esprit de ce salon, ce ne fut point Bissy, ce fut la Maréchale elle-même, avec son ton si tranché, à la fois sévère et plaisant, ses épigrammes, l'originalité de ses jugements, son autorité sur l'usage, le génie de son goût. Elle appela chez elle le plaisir, l'intérêt, la nouveauté, les lettres, la Harpe qui venait y lire les *Barmécides*, Gentil Bernard, qui y déclamait son manuscrit de l'*Art*

(1) *La Femme au XVIIIe siècle*, par Edmond et Jules de Goncourt.

d'aimer. Et à ces distractions se joignaient, dernier agrément, la critique frondeuse, une critique qui ménageait si peu les ministres et la famille royale elle-même, qu'un moment il fut fait défense à Mme de Luxembourg de paraître à la cour.

L'*Art d'aimer* de Gentil Bernard dut charmer les invités de la Maréchale, l'œuvre a gardé son attrait. Il ne dut pas en être de même des *Barmécides* de la Harpe, tragédie lourde, chargée de sommeil et d'ennui, ensevelie à jamais sous les hautes montagnes de l'oubli.

. C'est dans les *Mémoires de la République des Lettres* de Bachaumont que nous trouvons consignée, à la date du 27 janvier 1768, la nouvelle d'un ordre de la cour visant la Maréchale. Voici ce curieux extrait, qui nous fait respirer un moment l'air ambiant de l'époque.

« Mme de Luxembourg ayant été, il y a quelques jours, chez Mme la comtesse de la Marche, a trouvé qu'on y jouait aux proverbes. Après les premiers complimens, elle a débité des nouvelles très absurdes et très injurieuses au roi, et surtout à Mesdames de France. La princesse indignée a témoigné combien elle trouvait mauvais qu'on osât, en sa présence et chez elle, répandre de pareilles horreurs. Mme la Maréchale s'en est tirée en répondant : *Madame, a beau mentir qui vient de loin !* Ce jeu, tout indécent qu'il était, n'aurait peut-être pas eu de suite, si Mme de Luxembourg n'avait été faire des gorges chaudes de sa hardiesse, ou plutôt de son impudence, dans une maison où elle soupait.

« Cette aventure est parvenue à la Cour; on dit même que Mme la comtesse de la Marche a cru devoir en instruire le roi. Les Dames de France et surtout Madame Adélaïde, en sont outrées. Mme de Luxembourg a reçu l'ordre de ne point paraître à la Cour, de rester chez elle. On espère pourtant que les Princesses, revenues à leur caractère de bonté, solliciteront elles-mêmes la grâce de la maréchale. »

Les Goncourt se plaisent à mettre en relief le rôle important du salon de la Maréchale, l'espèce de mission éducatrice dont il fut le foyer. On saisit, en les lisant, sa supériorité sur les autres salons de l'époque. « Là, disent-ils, dans ce salon d'une femme, sous ses leçons, se formait et se constituait cette France si fière d'elle-même, d'une grâce si accomplie, d'une si rare élégance, la France polie du XVIIIe siècle... Là se fondait la plus grande institution du temps, la seule qui resta forte jusqu'à la Révolution, la seule qui garda, dans le discrédit de toutes les lois morales, l'autorité d'une règle : là se fondait ce qu'on appela *la parfaitement bonne compagnie*, c'est-à-dire une sorte d'association des deux sexes dont le but était de se distinguer de la mauvaise compagnie, des sociétés vulgaires, des sociétés provinciales, par la perfection des moyens de plaire, par la délicatesse de l'amabilité, par l'obligeance des procédés, par l'art des égards, des complaisances, du savoir-vivre, par toutes les recherches et les raffinements de cet esprit de société qu'un livre du temps compare et assimile à l'esprit de charité. »

Les écrivains frères terminent leurs aperçus, en montrant que cette bonne compagnie « ne fut pas seulement dans le xviiie siècle la gardienne de l'urbanité, et fit plus que de maintenir toutes les lois qui dérivent du goût : elle exerça encore une influence morale en mettant en circulation de certaines vertus d'usage et de pratique, en faisant garder un orgueil aux âmes, en sauvant la noblesse dans les consciences ». Et par cette noblesse, les Goncourt entendent la religion de l'honneur.

Les autres témoignages que nous pourrions évoquer, ne font que confirmer ces jugements si bien exposés. Celui de Rousseau, très remarquable, viendra plus loin, dans un chapitre consacré aux relations du philosophe et de Madeleine-Angélique.

Nous n'avons donc ici, à l'hôtel de Luxembourg, comme principe moteur de l'action, ni la vanité bornée et l'ignorance de Mme Geoffrin, ni cette maladie terrible de l'ennui, l'ennui sec, mauvais, perfide, qui dévorait Mme du Deffand : nous nous trouvons au contraire en présence d'une grande et noble ambition, justifiée par l'éducation, la naissance, le rang, la fortune, les dons brillants de l'intelligence, les hautes charges exercées à la cour, ambition qui semble vouloir racheter, effacer les égarements de la jeunesse.

Certes, le salon de la marquise du Deffand, celui de Mme Geoffrin, femme si inférieure, ont rendu d'éminents services au mouvement réformateur de

l'époque et ont contribué à l'attrait, à la gloire du
xviiie siècle, mais nous sommes loin de trouver dans
ces deux femmes le principe de vie, le charme, les
vues nobles qui caractérisent Mme de Luxembourg.
L'une par son esprit toujours avide de connaître,
l'autre par sa table, ses vins, ses eaux-de-vie, savaient
attirer, réunir, grouper les lettrés, les savants, les
artistes, les philosophes même, c'est un mérite que
nous devons reconnaître : cette élite faisait le reste
par la chaleur des entretiens, l'échange des concep-
tions nouvelles, l'étincelle jaillissant des problèmes
abordés, le cliquetis merveilleux de la bataille des
idées.

D'autres salons encore, à côté de l'hôtel de Luxembourg, avaient exercé ou exerçaient une salutaire
influence : salon de la marquise de Lambert, salon
de Mme du Châtelet, salon de Mme Necker, salon de
Mme de Montesson, salon de la comtesse de Beau-
harnais, etc., mais aucun ne pouvait jouer un rôle
semblable à la création de la Maréchale, parce que
dans aucun ne se trouvait une femme réunissant le
même ensemble de qualités.

Il en est un toutefois qui attire toutes nos sympathies, c'est celui de Mlle de Lespinasse, femme de
grand mérite, esprit cultivé, plein de noblesse, cœur
passionné, ne vivant que pour aimer, admirer, remplir un destin d'harmonie et de beauté. On connaît
son histoire : attachée à Mme du Deffand comme
lectrice, secrétaire, dame de compagnie, elle fut
remarquée, appréciée par tous les habitués de son

salon, gagna sans effort leur bienveillance d'abord, puis leur amitié. Elle avait la grâce, sinon la beauté, le don de la conversation, l'esprit, le charme, la bonté de l'âme, une culture intellectuelle de premier ordre. Elle se sépara de son atrabilaire maîtresse, et sagement encouragée et secondée, elle se décida à ouvrir elle-même un salon. La belle société y afflua. L'aimable femme n'avait pas de fortune, il y eut une entente touchante pour l'aider à monter sa maison. La Maréchale de Luxembourg lui offrit un mobilier complet. Son grand, son illustre ami, d'Alembert, ne vivait que pour elle, et en oubliait la Géométrie, sa passion suprême.

Mlle de Lespinasse avait l'attirance des cœurs aimants, une douce chaleur rayonnait autour d'elle, on était heureux de la voir et de l'entendre : sa personnalité est bien à part dans le bel entraînement intellectuel de son temps. Mme de Luxembourg devait l'aimer beaucoup. Dès le début, elle avait su apprécier la supériorité de cette jeune femme, car elle se connaissait en valeurs de sentiment, d'intelligence, de distinction, d'élégance.

« La Maréchale, dit le duc de Lévis, joignait à un jugement sain, cette promptitude d'esprit que l'on dénomme coup d'œil chez les hommes, sans laquelle il n'y aurait ni grands peintres, ni habiles médecins, ni grands généraux; qualité heureuse qui dispense de la réflexion, de tous les partis indique le meilleur, et qui, suivant les circonstances où l'on est placé, inspire de la confiance ou donne de l'autorité; mais dans quelque situation que se trouve l'individu qui en est doué, elle se fait reconnaître par des réponses simples, concises et d'une admirable justesse. »

Le duc de Lévis, en ses *Souvenirs*, mentionne le goût de la Maréchale pour les mots vifs et les pointes d'esprit, et fait ressortir en même temps le fond de bonté qui était en elle. Nous trouvons à l'appui de cette assertion, dans les *Mémoires du duc de Luynes*, le récit d'un fait intéressant.

Mme de Luxembourg, alors qu'elle s'appelait encore duchesse de Boufflers, se trouvait chez le duc de la Vallière, à Champ, en Normandie : en faisant une promenade, elle rencontra près d'un moulin une petite fille de trois ou quatre ans dont la beauté la frappa. Elle alla trouver les parents, et leur proposa de prendre l'enfant et de l'emmener : elle aurait soin d'elle, et la ferait élever. Le père et la mère refusèrent d'abord, mais elle insista tant qu'ils finirent par consentir. Elle se chargea donc de l'éducation de la petite fille, appelée Paméla, éducation qui fut entourée des plus grands soins, et dont elle s'occupait elle-même. « J'apprends, dit le duc de Luynes — 2 janvier 1757 — qu'elle l'a mariée à M. de Cunembourg, major des Grenadiers de France : elle lui donne 4.000 livres de rentes, l'habille très bien et lui assure 40.000 écus payables après sa mort; elle s'en va à Villeroy pour faire ce mariage. »

Le domaine de Villeroy, apanage patrimonial de la famille, situé en Seine-et-Marne, non loin de Fontainebleau, comprenait un vaste château qui, au point de vue de l'architecture, n'avait aucune décoration remarquable, mais l'intérieur renfermait des meubles magnifiques et des objets d'art de premier choix. Les jardins étaient fort beaux, ainsi que le parc dont l'étendue était considérable. Enfin, on pouvait y admirer, dit Piganiol de la Force, « tous les embellissements qui sont ordinairement aux maisons des grands ».

Dans l'entourage de la Maréchale, beaucoup s'ingéniaient à composer des petits vers pour l'aimable femme, à lui rendre des hommages de société mondaine. Gentil Bernard, qu'elle protégeait, dut sûrement lui en faire parvenir, et aussi la Harpe qui parfois l'accompagnait à la promenade, et dont elle disait à une amie qui s'en étonnait : « Ma chère, il donne si bien le bras ! »

Elle recevait aussi des vers du chevalier de Boufflers, si spirituellement défini par Rivarol : « Abbé libertin, militaire philosophe, diplomate chansonnier, républicain courtisan. » Il possédait un bénéfice, dit un biographe, qui lui donnait le droit bizarre d'assister à l'office en surplis et en uniforme, et lui permettait d'être tout à la fois prieur et capitaine de hussards.

Le chevalier avait beaucoup d'esprit : c'est à lui qu'on doit le fameux quatrain sur Loth :

Il but
Il devint tendre,
Et puis il fut
Son gendre !

Lorsque Mme de Luxembourg, à l'automne de 1771, rendit visite aux Choiseul, au château de Chanteloup, elle n'était pas venue seule. Elle avait amené avec elle sa chatte bien-aimée, *Madame Brillant.* Cette chatte était un personnage que toute la société de la Maréchale connaissait, affectionnait, caressait, admirait. Elle fut choyée à Chanteloup comme à Paris. *Madame Brillant* avait des airs de duchesse et représentait dignement sa race. Elle avait mis bas une petite chatte qu'on élevait, qui promettait beaucoup, et donnait de grands espoirs pour la noblesse du nom et la gloire de la famille; elle portait d'ailleurs le joli nom d'Amourette.

Le chevalier de Boufflers, hôte des Choiseul, conçut une idée à l'arrivée de l'inséparable chatte. Vite il prit sa bonne plume, et rédigea les petits vers suivants qu'il fit remettre à la Maréchale :

> Jusqu'aux deux bouts de l'hémisphère,
> *Brillant,* vos attraits sont connus !
> D'Amourette vous êtes mère,
> Des chats vous êtes la Vénus !
> De votre grâce enchanteresse
> Tout est charmé, tout parle ici;
> Luxembourg est votre maîtresse :
> Que n'est-elle la mienne aussi !

Le chevalier trouva encore une occasion d'adresser quelques rimes à la Maréchale, au sujet d'un cadeau que lui fit Mme du Deffand, le 1er janvier 1774. Ce jour-là, suivant une habitude ancienne, Mme de Luxembourg soupait chez la vieille aveugle. Parmi les convives étaient la marquise de Boufflers, son fils le chevalier, Pont de Veyle.

Ce cadeau d'étrennes consistait dans une petite chaise de paille dont Mme du Deffand fait cette description à Walpole dans sa lettre du 2 janvier : « Une chaise de paille, garnie en housse taffetas cramoisi, couverte devant-derrière, du haut en bas, d'un très magnifique réseau d'or, arrangé, ajusté du meilleur goût du monde, et par-dessus une housse de papier blanc. »

La Maréchale, quand elle venait voir son amie, prenait toujours une chaise de paille, y déposait son sac à ouvrage et mettait ses pieds sur les barreaux : le cadeau était motivé par cette habitude. Un domestique le présenta; des vers y étaient attachés. Mme de Luxembourg, surprise et enchantée, lut d'abord ceux-ci où Pont de Veyle faisait parler la chaise offerte.

Je m'offre à vous sans ornement :
Je ne suis pas bien mise,
Mais de ce mince ajustement
Ne soyez pas surprise :
Souvent, sous de simples dehors.
La beauté se déguise;
Vous verrez peut-être un beau corps
En ôtant ma chemise !

Le chevalier de Boufflers faisait parler de même cette chaise magique. Voici son compliment :

> Si je vous sers, je suis heureuse;
> J'existe pour votre repos,
> Je ne serais point dangereuse,
> Quand même vous m'auriez à dos.
>
> J'ai des secrets, mais je suis franche;
> Ils seront aisés à trouver;
> J'ai mis une chemise blanche
> Pour engager à la lever.
>
> De moi je suis assez contente,
> J'ai l'air de la simplicité;
> Quoique simple, je suis brillante,
> Et j'y joins la solidité.
>
> Mais sur un point qu'on me décide,
> Est-ce vous ou moi que je peins ?
> Car, simple, brillante et solide,
> Ce sont vos traits plus que les miens !

Ajoutons que la Maréchale n'avait pas été en reste avec Mme du Deffand : elle lui avait offert, pour ses étrennes, une tasse et six petites terrines en argent, « les plus jolies du monde ».

Ces menus détails nous donnent une idée des relations d'amitié au XVIIIe siècle, dans la haute société.

Puisque nous parlons littérature, rappelons pour agrémenter le sujet, un mot heureux de la Maréchale. En 1754, une mauvaise, une lourde tragédie du marquis de Ximénès, *Amalazonte*, fut représentée devant la cour. Mme de Luxembourg dit à ce sujet devant les courtisans : « Quoi ! toujours du Pierre Ximénès, et jamais de Pierre Corneille ! »

Artiste pour le luxe, comme l'étaient les grands seigneurs et les grandes dames de son temps, elle n'aimait pas seulement la bonne littérature, comme le prouve cette critique, mais elle avait de plus un goût marqué pour les objets d'art du choix, les beaux ameublements, les miniatures, les porcelaines de Sèvres, de Saxe et d'Orient, les bons tableaux. L'hôtel de Luxembourg, à Paris, et le château de Montmorency renfermaient de précieuses collections, des étagères dont les trésors faisaient bien des jaloux.

Dans le très curieux *Livre-Journal* de Lazare Duvaux, antiquaire renommé de l'époque, marchand-bijoutier ordinaire du roi, grand fournisseur de Mme de Pompadour, demeurant rue Saint-Honoré, sur la paroisse Saint-Eustache, nous trouvons des mentions intéressantes sur quelques achats de notre grande dame, quand elle s'appelait duchesse de Boufflers, puis lorsqu'elle devint Maréchale de Luxembourg.

Ainsi, sous son premier nom, nous la voyons acheter à Lazare Duvaux, rue Saint-Honoré, le 28 décembre 1748, « une lanterne de glace à cinq pans, garnie de fleurs blanches, 216 livres ».

Sous son deuxième nom, le 26 août 1750, « deux grandes caisses de porcelaine de Saxe, carrées, 120 livres ».

Le 25 septembre 1750, « une fonte de lustre à

huit branches et console très fortes argentées, et façon du lustre, 350 livres ». « Un cordon de soie de trois couleurs à deux houppes, de deux aunes de long, 50 livres. »

Le 30 décembre 1754, « un cabaret et deux tasses, 22 livres ».

Le 1er janvier 1755, « un pot à l'eau garni de vermeil, et sa jatte de lapis, à fleurs, 288 livres. Acompte, 192 livres ».

Le 27 octobre 1755, « une baignoire de Vincennes pour les yeux, 6 livres ».

Le 21 août 1756, « une assiette de beurrier de Vincennes, 18 livres ».

Le 28 août 1756, « deux vases à oreilles de Vincennes, gros-bleu, peints à enfans, camayeu bleu-clair, 336 livres ».

« Deux brocs, même bleu, enfans-camayeu, 240 livres. »

Le 29 décembre 1757, « un moutardier, blanc et or, 27 livres ».

Il y a un intérêt multiple dans ces achats de curiosités : ceux faits en décembre étaient destinés à être donnés comme étrennes du jour de l'an. Lazare Duvaux n'était pas le seul fournisseur de la Maréchale. Elle se plaisait à visiter les meilleurs antiquaires et marchands d'objets d'art de l'époque, installés rue Saint-Honoré, du Roule, de la Monnaie, de l'Arbre-Sec, les Hébert, les Bazin, les Bailly, les

Lebrun, les Vigier, les Dulac, les Poirier, les Lhéritier (1).

Un magasin ou boutique en renom était le *Chagrin de Turquie* : Mme de Luxembourg le connaissait bien. C'est là que vous auriez rencontré les duchesses de Lauraguais, de Luynes, de Montbazon, de Mortemart, de Rohan, de la Vallière, la comtesse d'Estrades, Mme de Lutzelbourg, la princesse de Robecq, Mme de Pompadour elle-même et sa suite, bref tout l'armorial, tout le Paris du luxe, du bon ton et des belles aventures du xviiie siècle.

Nous devons rappeler ici que la Maréchale possédait une des plus belles bibliothèques de l'époque, « tant au point de vue littéraire que de la richesse de l'ornementation ». Le Maréchal de Luxembourg, de son côté, avait une bibliothèque magnifique qui se « faisait remarquer, dit Joannis Guigard, non seulement par de nombreuses éditions classiques et du meilleur choix, mais encore par la plupart des ouvrages qui se publiaient de son temps sur les arts, les lettres, les sciences et la philosophie ». Nous avons retrouvé le catalogue de cette bibliothèque : nous en reparlerons à la mort du maréchal, en 1764 (2).

Madeleine-Angélique, quand elle était duchesse de Boufflers, portait dans ses armoiries, *de Boufflers accolé de Neufville*. Devenue Maréchale de Luxembourg, elle portait *de Montmorency-Luxembourg accolé de Neufville.*

(1) *Livre-Journal* de Lazare Duvaux. Introduction.
(2) Voir notre Appendice IV.

Chapitre III

AMIS et AMIES de MADAME de LUXEMBOURG

La Comtesse d'Egmont. — La marquise du Deffand. — Le prince de Conti. — La Comtesse de Boufflers. — La duchesse de Choiseul. — La marquise de Montesson. — La marquise de Boufflers. — La maréchale de Mirepoix.

La Maréchale de Luxembourg se plaisait à recevoir une société de choix, de gens d'esprit, à Paris et au château de Montmorency. Beaucoup, qui de leur vivant jouaient un rôle important, grands seigneurs et grandes dames, dorment aujourd'hui dans la poussière épaisse de l'oubli : leur importance fastueuse s'est éteinte avec leur vie, ils n'avaient que les dehors brillants qui en imposent un moment aux simples, mais qui ne sauraient retenir l'attention de l'observateur qualifié, d'un La Bruyère, d'un Saint-Simon, d'un Jean-Jacques Rousseau.

Dans cette élite, nous voulons choisir quelques noms qui méritent d'être remis en lumière en ces pages.

LA COMTESSE D'EGMONT. --- Parmi les femmes, je remarque d'abord la séduisante figure de la jeune comtesse d'Egmont, fille du maréchal de Richelieu, l'amie et la correspondante du roi de Suède, Gustave III. Elle mériterait à elle seule un long chapitre : je ne veux en tracer ici qu'un léger croquis. Je la comparerais volontiers à l'une de ces fleurs dont les couleurs ne jettent pas un éclat éblouissant, mais dont le parfum est pénétrant et enivrant, comme celui de la verveine, par exemple, ou mieux encore comme celui de l'héliotrope.

Elle avait le charme de la distinction paisible, de cette douceur exquise qui annonce des peines cachées, des élans passionnés, et qui se plaît cependant à sourire à la vie. Elle avait une santé délicate; lorsqu'elle mourut, elle n'était âgée que de 33 ans. Elle avait protégé un poète, Rulhière, et celui-ci, à n'en pas douter, l'avait aimée; s'il ne l'eût point fait, il eût été impardonnable. On trouva, dans les papiers de Rulhière, ce quatrain composé pour la fontaine de son jardin :

> D'Egmont parut sur cette rive !
> Une image de sa beauté
> Se réfléchit dans cette eau fugitive !
> D'Egmont a disparu, l'amour seul est resté !

La comtesse d'Egmont fut au nombre des rares personnes qui assistèrent à une des trois lectures connues que Jean-Jacques Rousseau fit de ses *Confessions*, dans l'hiver de 1770-1771, après son retour du Dauphiné à Paris. A la fin du livre célèbre, le philosophe a consacré à jamais le souvenir de l'aimable femme : « J'achevai ainsi ma lecture, écrit-il, et tout le monde se tut. Mme d'Egmont fut la seule qui me parut émue : elle tressaillit visiblement, mais elle se remit bien vite, et garda le silence, ainsi que toute la compagnie. Tel fut le fruit que je tirai de cette lecture et de ma déclaration (1). »

A cette lecture des *Confessions* assistaient le prince Pignatelli, la marquise de Mesme, le marquis de Juigné, le comte et la comtesse d'Egmont.

LA MARQUISE DU DEFFAND. — Mme de Luxembourg recevait dans sa société la célèbre Mme du Deffand (2), dont on connaît le caractère atrabilaire, qui avait certes beaucoup d'esprit et en réalité était une femme supérieure, mais dont l'indulgence vis-à-vis d'autrui et à l'égard de ses amis même, était des plus restreintes. Nous n'avons pas à faire d'elle ici un long portrait; cependant, pour rappeler sa manière et la faire apprécier, citons quelques passages de ses lettres.

La famille du prince de Beauvau venait de rentrer à Paris. Mme du Deffand qui la fréquentait écrit : « Les Beauvau reviennent : j'en suis bien aise

____

(1) Voir, dans notre ouvrage, *Le Prestige de Jean-Jacques Rousseau*, le chapitre IX intitulé : *J.-J. Rousseau lisant ses Confessions*. Émile-Paul, éditeur, Paris, 1909

(2) Mme du Deffand était née Marie-Anne de Vichy de Chamrond. Elle appartenait à une famille bourguignonne. Elle naquit en 1697.

mais pas trop cependant. Je sais bien les gens qui
me déplaisent, mais je ne sais pas ceux qui me
plaisent. Mme de Jonsac, je l'aime assez, parce qu'elle
souhaite ce que je désire. J'ai été chez les Beauvau.
les Montmorency, chez tous mes amis. Ces gens-là
sont dignes du bonheur de l'indifférence. Je me flatte
qu'ils le possèdent, parce qu'ils le communiquent. »

Autre lettre de désenchantement : « Dans ce détes-
table monde, il y a quelques gens vertueux, du moins
qui peuvent le paraître tant qu'on n'attaque point
leur passion dominante. Ce sont les plus gens de bien.
Dans les autres sont l'intérêt, l'envie, la jalousie, la
cruauté, la méchanceté, la perfidie. Il n'y a pas une
seule personne à qui on puisse confier ses peines.
sans lui donner une maligne joie et sans s'avilir à
ses yeux. Raconte-t-on ses plaisirs et ses succès, on
fait naître la haine. Faites-vous du bien, la reconnaissance pèse et l'on trouve des raisons pour s'en
affranchir. Faites-vous quelques fautes, jamais elles
ne s'effacent; rien ne peut les réparer. Voyez-vous
des gens d'esprit, ils ne seront occupés que d'eux-
mêmes. Trouve-t-on, au défaut de l'esprit, des sentiments ! Aucun, ni de sincères, ni de constants.
L'amitié est une chimère, on ne reconnaît que l'amour.
et quel amour ! »

Et ailleurs : « Je ne vois rien qui ne me confirme
dans le plus souverain mépris pour tout ce qui respire. La perfection, si elle existe, est un plus grand
défaut qu'on ne pense, et qu'on ne saurait imaginer. »

On comprend qu'avec une pareille mentalité.

Mme du Deffand ait inspiré des antipathies insurmontables à plusieurs personnages, notamment à Rousseau, qui dit à son sujet : « qu'il aima mieux s'exposer au fléau de sa haine qu'à celui de son amitié ».

On se plaît, pour oublier l'âme desséchée, le fiel, le sombre pessimisme de Mme du Deffand, à reposer ses yeux sur le visage aimant, les traits souriants de la comtesse d'Egmont, à écouter ses bonnes paroles, ses charmants récits, ses plaintes discrètes, estompées par une grâce bienveillante.

La Maréchale aimait l'esprit, de là sa tolérance à l'égard de Mme du Deffand ; d'ailleurs elle était femme à ne craindre personne et elle prenait en face de chacun le langage proportionné à son mérite. C'est ce courage à tout affronter avec tact qui valut à la Maréchale des appréciations relativement favorables de la part de la vieille aveugle. Mme de Luxembourg avait en elle un prestige peu commun, puisqu'elle parvint presque à attendrir cette femme désabusée, acariâtre, ne sachant plus sourire ; c'est à peu près la seule qui ait eu raison de son terrible pessimisme.

Nous pouvons juger du caractère de Mme du Deffand par une lettre qu'elle écrivait à son grand ami, l'anglais Walpole, à la date du 20 octobre 1766. Walpole était encore, si on peut dire, plus sceptique qu'elle. Voici ce qu'elle lui dit :

« J'admirais hier au soir la nombreuse compagnie qui était chez moi ; hommes et femmes me paraissaient des machines à ressort, qui allaient, venaient, parlaient, riaient, sans penser, sans réfléchir, sans sentir; chacun jouait son rôle par habitude... et moi j'étais abîmée dans les réflexions les plus noires; je pensais que j'avais passé ma vie dans les illusions; que je m'étais creusé moi-même tous les abîmes dans lesquels j'étais tombée; que mes jugements avaient été faux et téméraires, et toujours trop précipités; et qu'enfin je n'avais parfaitement bien connu personne; que je n'en avais pas été connue non plus, et que peut-être je ne me connaissais pas moi-même... »

Quel désert de sable en cette âme !

Mme du Deffand parle souvent de la Maréchale dans ses lettres, notamment à Walpole et à Mme de Choiseul. Il y a grand intérêt, pour notre étude, à citer ces lettres qui nous font pénétrer dans la vie de la Maréchale, et nous permettent de la suivre à travers la société de son temps. Elles ont, d'ailleurs, une saveur toute particulière qu'un résumé ne peut donner.

Mme de Luxembourg rendit visite au duc de Choiseul, lorsqu'il fut disgrâcié, le 24 décembre 1770, et dut se retirer dans sa terre de Chanteloup (1). Cette visite fut tout un événement : la vieille marquise écrit à Walpole, le 30 octobre 1771 : « Mme de Luxembourg partit lundi dernier pour Chanteloup; elle y restera huit jours : rien n'est

(1) M. de Choiseul possédait un magnifique château à Chanteloup, près d'Amboise, dans Indre-et-Loire. Ce château n'existe plus.

plus comique et plus singulier que cette visite. C'est pour qu'elle soit placée dans ses fastes; ce n'est pas assurément l'amitié qui en est le motif. »

La Maréchale de Luxembourg déploya à Chanteloup sa grande séduction mondaine et chacun. Choiseul le premier, fut enchanté de son séjour. Quelques semaines se passent, l'esprit mauvais de Mme du Deffand a travaillé sur cette visite, la jalousie l'envahit, elle y revient le 7 janvier 1772, et écrit à Walpole : « Rien n'a été si ridicule que le voyage de Mme de Luxembourg à Chanteloup; elle était l'ennemie des Choiseul, et comme il est du bel air actuellement d'être dans ce que nous appelons aussi l'opposition, elle a employé toutes sortes de manèges pour se réconcilier avec eux; elle a été très bien reçue, parce que c'était pour eux un nouveau rayon de gloire, et qu'ils en sont ivres. »

La Maréchale se montrait fine diplomate en allant voir les Choiseul. Ils savaient qu'elle ne leur avait jamais montré une grande amitié, mais ils étaient en disgrâce, et leur amour-propre trouvait son compte à cette sympathie inattendue : leur défiance, si elle existait, en était endormie, leur hostilité désarmée. Mme du Deffand voyait clair dans la vanité du ministre tombé, comme aussi dans le jeu de Madeleine-Angélique. On sait que Choiseul avait dû quitter le pouvoir, à la suite de son dédain marqué pour Mme Dubarry : il avait en même temps succombé à une intrigue politique.

Il apparaît bien que la marquise était jalouse de la

Maréchale, de son entrain, de son action, de son influence, de son sillage d'élégance, de sa grande fortune. Qu'on en juge par ces passages de sa correspondance.

« La Maréchale de Luxembourg ne sait que devenir. Elle court de prince en prince. Je suis médiocrement bien avec elle; elle voudrait être importante, sentencieuse, épigrammatique, elle n'est qu'ennuyeuse. »

Dans une autre lettre, 30 juin 1773 : « J'aurai demain à souper les Beauvau et la Maréchale de Luxembourg. Celle-ci m'a rendu visite aujourd'hui à une heure après-midi. Il y avait plusieurs jours que je ne l'avais pas vue. Elle court les spectacles, elle se dévoue aux princes; elle ne pouvait venir chez moi l'après-dîner, parce qu'à quatre heures elle devait aller avec Mme la duchesse de Bourbon dans la petite maison du duc de Chartres. Ne trouvez-vous pas cela admirable ? On peut dire : *C'est une belle jeunesse !* »

Elle n'est pas toujours aussi agressive, aussi mauvaise; l'égoïsme la rend parfois meilleure. Ainsi, pour revenir en arrière, le 29 mai 1764, elle annonce à Voltaire la mort du maréchal de Luxembourg, et ajoute : « Mme de Luxembourg est très affigée. Je serais bien aise de lui pouvoir montrer quelques lignes de vous qui lui marquassent l'intérêt que vous prenez à sa situation et que vous partagez mes regrets. Persuadez-vous que vous êtes destiné à me donner de la considération, à me marquer de l'amitié et à adoucir mes peines. »

Voltaire répondit des Délices, le 4 juin; sa lettre est fort belle, il dit à son amie :

« La douceur et la sûreté de la conversation est un plaisir aussi réel que celui d'un rendez-vous dans la jeunesse. Faites bonne chère, ayez soin de votre santé, amusez-vous quelquefois à dicter vos idées, pour comparer ce que vous pensiez la veille à ce que vous pensez aujourd'hui; vous avez deux très grands plaisirs, celui de vivre avec la meilleure compagnie de Paris, et celui de vivre avec vous-même. Je vous défie d'imaginer rien de mieux. »

Voltaire arrive à la Maréchale dont il fait un délicat et habile éloge :

« Vous cherchez des consolations; je suis persuadé que c'est vous qui en fournissez à Mme la Maréchale de Luxembourg. Je lui ai connu une imagination bien brillante, et l'esprit du monde le plus aimable: j'ai cru même entrevoir chez elle de beaux rayons de philosophie : il faut qu'elle devienne absolument philosophe; il n'y a que ce parti-là pour les belles âmes. Voyez la misérable vie qu'a menée Mme la maréchale de Villars dans ses dernières années; la pauvre femme allait au salut, et lisait, en bâillant, les *Méditations* du père Croiset. »

Voltaire pensait bien que son éloge serait lu par la Maréchale. Il désirait vivement se ménager sa neutralité dans ses différends avec Rousseau contre lequel il était depuis longtemps fort irrité. Il savait qu'elle était toute dévouée à l'auteur d'*Héloïse*, et il ne désespérait pas de porter atteinte à ce dévouement, comme nous le verrons dans un autre chapitre.

Le 17 juin 1764, Mme du Deffand lui écrit : « Avez-vous lu la dernière lettre de Rousseau où il parle de M. de Luxembourg ? J'ai fait lire à Mme de Luxembourg ce que vous m'avez écrit pour elle; cela a été reçu *cosi cosi*. Vous êtes, dit-elle, le plus grand ennemi de Jean-Jacques, et elle se pique d'un grand amour pour lui. On vient de donner le recueil de ses ouvrages, je ne ferai point cette emplette. »

Dans les citations que nous tenons à faire encore, nous trouvons de la sympathie, de l'amitié, de l'affection même à l'égard de la Maréchale. Le 21 août 1770, la vieille pessimiste écrit à Walpole : « Je fus fort triste toute la soirée, j'avais appris en partant que Mme de Luxembourg, qui était allée samedi à Montmorency pour y passer quinze jours, s'était trouvée si mal, qu'on avait fait venir Tronchin, et qu'on l'avait ramenée le dimanche, à huit heures du soir, qu'on lui croyait de l'eau dans la poitrine.

« L'ancienneté de la connaissance, une habitude qui a l'air de l'amitié; voir disparaître ceux avec qui l'on vit; un retour sur soi-même; sentir que l'on ne tient à rien, que tout fuit, que tout échappe, qu'on reste seule dans l'univers, et que malgré cela on craint de le quitter; voilà ce qui m'occupa pendant la musique. Ce matin, j'ai appris que la Maréchale était beaucoup mieux; elle m'a fait dire qu'elle me verrait. »

Le 7 février 1772, elle donne à Walpole cette nouvelle qui ne manque pas d'originalité : « Je continuerai cette lettre, s'il survient quelque événement. J'en oubliais un bien important, c'est que la chatte de Mme de Luxembourg, la fameuse *Madame Brillant,* est' morte, âgée de quinze ans, et ce qui est bien remarquable, c'est que cela est arrivé un vendredi, jour toujours funeste à la Maréchale. »

Il est bon de rappeler que Mme du Deffand aimait beaucoup les chats, qu'elle en avait toujours plusieurs chez elle, qu'elle faisait frapper leur image, répétée quatre ou cinq fois, sur le dos des volumes envoyés à la reliure, et on comprendra l'importance qu'elle attachait à la mort de *Madame Brillant.* Quelle trouvaille précieuse pour un bibliophile que celle d'un livre orné de ce souvenir de la célèbre marquise !

Du 1er février 1773 : « Je soupe ce soir chez Mme de Luxembourg, pour entendre réciter par La Harpe sa tragédie des *Barmécides* tout entière; car nous n'en entendîmes que trois actes, il y a aujourd'hui quinze jours. » Il faut regretter qu'elle ne qualifie point par un de ces mots à l'emporte-pièce, dont elle avait le secret, le terrible poids lourd de La Harpe, le narcotique irrésistible des *Barmécides.*

Dans une lettre à Walpole, du 14 juillet 1773 :

Mme de Luxembourg part aujourd'hui pour Villers-Cotterets [chez la duchesse de la Vallière]; elle n'y sera que huit jours, et le 22, jour de la Madeleine, qui est sa patronne, elle soupera chez moi. Je lui donnerai pour bouquet de sa fête une tresse de fil d'or faite comme les tresses de cheveux, avec ce couplet sur l'air des *Folies d'Espagne* :

> Les beaux cheveux qu'autrefois Madeleine,
> Pour plaire à Dieu raccourcit de moitié,
> Du tendre amour furent longtemps la chaîne ;
> Qu'ils soient pour nous les nœuds de l'amitié !

« C'est un petit abbé Delille qui en est l'auteur. Il a beaucoup d'esprit et de talent, mais je le connais fort peu. »

20 mai 1775 : « La personne avec qui je vis le plus, de tout ce que vous connaissez, c'est la Maréchale de Luxembourg; si je croyais à l'amitié, je dirais qu'elle en a pour moi : il ne se passe guère de jour sans qu'elle me vienne voir. »

15 septembre 1776 : « J'attends…. le retour de Mme de Luxembourg; je la verrai avec un grand plaisir : je crois qu'elle est, *pour le présent*, la personne dont je suis le plus aimée. »

La Maréchale tombe malade, Mme du Deffand s'inquiète, et même semble s'attendrir : elle écrit à l'abbé Barthélemy : « La Maréchale est mieux, mais pas assez pour s'établir à Auteuil [chez la comtesse de Boufflers]… Savez-vous, l'abbé, que s'il arrivait malheur à cette Maréchale, c'en serait un très grand pour moi, et qu'elle est peut-être de mes connaissances celle qui m'aime le mieux. C'est du moins celle dont je reçois le plus de marques d'attention. Et n'est-ce pas ce qui prouve l'amitié ? »

Quel irréductible égoïsme ! Jamais, au grand jamais, elle ne dira qu'elle aime, elle !

A Walpole, 20 juin 1773 : « L'Idole [la comtesse de Boufflers] est établie à Auteuil depuis hier; elle y restera jusqu'au 1er août. L'objet de son voyage est très louable et très intéressant : c'est pour que Mme de Luxembourg s'établisse chez elle, et n'aille point dans des campagnes éloignées où elle manquerait de secours si elle tombait dangereusement malade. Son état inquiète beaucoup ses amis, et moi plus que personne; elle a des maux de tête continuels, des élancements, des battements depuis plus d'un mois; elle a fait à sa tête des remèdes qui lui ont été contraires. Comme depuis quelques jours, elle a des douleurs à une main, on soupçonne que c'est une humeur de goutte, mais accompagnée de vapeurs bien tristes : elle croit qu'elle va mourir; ses amis sont occupés à la distraire. »

Dès le mois de juin 1778, la Maréchale sentant sa santé décliner avait songé à faire son testament, dont nous avons pu retrouver l'original. Nous en parlerons dans un chapitre spécial.

Ces citations ont leur importance par leur vivante précision : elles nous font assister aux différents états d'âme de Mme du Deffand à l'égard de son amie. Au début, elle l'avait admirablement bien jugée, quand elle était duchesse de Boufflers: nous avons donné le portrait qu'elle en avait tracé alors. Il y eut ensuite une période ingrate où l'envie eut sa part. La Maréchale se réformait, grandissait en influence, en éclat, en domination. Comment assister à son triomphe, sans éprouver de dépit ?

Puis les années passent, Mme de Luxembourg se montre pleine d'attentions pour la vieille marquise aveugle. Celle-ci a l'air de laisser tomber sa jalousie, sa malveillance, et semble revenir à son ancienne sympathie. « Ce qu'elle avait dit [autrefois], écrit Sainte-Beuve, un peu par politesse et flatterie de société, elle fut obligée à la fin de le reconnaître exact et vrai dans la Maréchale vieillie. Celle-ci de son côté cédait sans doute un peu moins, dans ses dernières années, à l'impétuosité de son caractère, à son esprit d'épigrammes, et se donnait un peu plus de peine pour persuader à ses amis qu'elle les aimait. »

Pour en finir avec Mme du Deffand, nous voulons faire une dernière citation d'une de ses lettres à Walpole, 12 février 1777, citation qui nous permet de juger l'influence mondaine de la Maréchale et les plaisirs de la haute société. « Mme de Luxembourg, dit-elle, soupant avec M. de Choiseul chez M. de la Borde, se plaignit de ce qu'il n'y avait plus de gaieté dans les soupers, qu'on n'y buvait plus de vin de Champagne, qu'on périssait d'ennui, que les femmes, loin d'apporter de la gaieté, y répandaient du sérieux et y mettaient de la gêne et de la contrainte. M. de Choiseul proposa de donner un souper où il n'y aurait que des hommes et Mme de Luxembourg. La Maréchale approuva le projet, mais elle exigea que ce fut elle qui donnât le souper. On y consentit; le jour fut pris et fixé au premier vendredi de février;

il s'est exécuté. La bonne chère, la gaieté, tout a été parfait, et tel qu'on le désirait; il n'y avait que Mme de Luxembourg de femme et huit convives...

Nous connaissons les noms de ces huit convives : c'était le duc de Choiseul d'abord, puis M. de Gontaut, père du duc de Biron; le comte de Guines, ancien ambassadeur en Angleterre; M. de Laval, fils du duc de Laval-Montmorency; le baron de Besenval, officier supérieur dans les Gardes Suisses; M. d'Estrehan, surnommé *le père*; le comte de Mun, officier général dans les Gardes du Corps, mari d'une des filles d'Helvétius; M. Donezan, ancien ministre de France à la Haye, brillant causeur.

Pour tenir tête, dans un souper, à de pareils personnages, il fallait une présence d'esprit remarquable. La Maréchale était peut-être la seule femme du temps qui put le faire avec la maîtrise nécessaire.

Mme du Deffand mourut à 83 ans, dans l'été de 1780. La Maréchale lui témoigna jusqu'à la fin son meilleur dévouement; peu avant ses derniers moments, elle lui rendait encore visite.

LE PRINCE DE CONTI. — Parmi les hommes qui fréquentaient chez la Maréchale de Luxembourg, à Paris, comme à Montmorency, nous rencontrons un personnage de premier plan à tous égards, sous le rapport du rang, de la naissance et de la valeur personnelle : ce personnage, c'est Louis-François de Bourbon, prince de Conti (né en 1717, mort en 1776).

A côté des écrivains et des philosophes, il est cer-

tainement un des hommes les plus intéressants de la
seconde moitié du XVIIIe siècle.

Le prince de Conti, brillant homme de guerre
d'abord, apparaît comme le type accompli de ce
qu'on appelait autrefois un grand seigneur. Il était
intelligent, instruit, aimait et protégeait les lettres
et les arts; il se plaisait aux réceptions bien ordon-
nées, s'intéressait au progrès des idées, dont la marche
ne lui faisait pas peur, bien qu'il fut cousin de
Louis XV, et il répandait l'argent autour de lui.
sans trop compter.

Le prince de Conti habitait tour à tour Paris et
l'Isle-Adam. Sa demeure à Paris était le Temple; il
avait le titre de grand prieur : c'est là qu'il donnait
des réceptions d'une suprême élégance.

Pour avoir une idée un peu exacte de ces réceptions, il faut voir et examiner avec soin un tableau
précieux qui est au Musée du Louvre, dans la salle
française du XVIIIe siècle, et qui porte ce titre :
Le Thé à l'anglaise. Ce tableau a été peint par Barthélemy Olivier, peintre du prince; c'est un salon du
Temple qui est représenté, le salon des Quatre-Glaces.

Ce tableau nous intéresse particulièrement, car
nous y voyons figurer la Maréchale de Luxembourg.
La scène se passe en 1764. Nous voyons assis au
clavecin un enfant qui n'est autre que Mozart.
L'enfant prodige se trouvait à Paris à cette époque,
et émerveillait la ville et la cour. Cette toile vaut
tout un livre sur le XVIIIe siècle, car d'un coup d'œil
nous en saisissons les habitudes, les façons, l'élé-

gance et le charme, en même temps que les toilettes
et les costumes.

Pendant la belle saison, le grand prieur du Temple
émigrait à son château de l'Isle-Adam, et continuait
à recevoir les princes du sang, les philosophes, les
savants, les artistes, les gens d'esprit. Au premier
rang des invités brillait la Maréchale de Luxembourg. Elle passait une partie de l'été à l'Isle-Adam,
et c'était elle qui, avec la comtesse de Boufflers,
amie du prince, donnait le ton aux réceptions et
aux fêtes. Mme de Pompadour avait fait écarter le
prince de Conti des grands commandements. Louis
XV redoutait sa perspicacité.

La comtesse de Boufflers. — Cette femme
remarquable était née à Paris, le 5 septembre 1725 :
elle fut baptisée à l'église Saint-Sulpice. Elle était
née Marie-Charlotte-Hippolyte de Campet de Saujon;
son père, marquis de Saujon, était lieutenant des
Gardes du Corps du roi. Le 15 février 1746, âgée de
vingt ans et demi, elle épousa le comte Edouard de
Boufflers-Rouverel, qui devint colonel du régiment
Chartres-Infanterie. Dame d'honneur de la duchesse
d'Orléans, elle habitait le Palais-Royal; son frère, le
marquis de Saujon, était chambellan du duc.

Marie-Charlotte se faisait remarquer non seulement par sa beauté, d'autant plus captivante qu'elle
était délicate, mais aussi par les qualités de son
esprit cultivé, de son jugement, de son caractère, de
son amour pour les lettres. Fleur exquise d'une cour

brillante, elle fut remarquée par le prince de Conti, frère de la duchesse d'Orléans, qui avait perdu sa femme. Il ne tarda pas à l'entraîner dans son orbite, et l'amitié qu'il lui témoigna fut bientôt renforcée par une délicieuse liaison. Elle quitta le Palais-Royal et émigra au Temple et à l'Isle-Adam, les deux séjours du prince.

C'est alors qu'elle joue un grand rôle, qu'elle affirme sa personnalité, qu'elle devient l'amie de Rousseau et de Hume, qu'elle est appelée à juste titre la Minerve savante, et que Mme du Deffand la surnomme l'Idole du Temple. Elle avait une ambition, épouser le prince de Conti, faire succéder en elle la femme légitime à la favorite : elle était certes digne de devenir princesse, elle en eut éclipsé plusieurs. Son mari, l'excellent Saujon, sembla comprendre la situation, car il passa de vie à trépas, et laissa les chemins ouverts; elle espéra que son intime désir allait se réaliser. L'affaire occupa un moment la cour et la ville, c'était la question du jour.

Le prince ne se décida pas, le mariage n'eut pas lieu, mais elle resta la favorite et l'amie. Cette désillusion fut le tourment de sa vie, ce qui prouve combien la considération accordée à une situation régulière était prisée au XVIIIe siècle, malgré les attachements de la passion, et combien aussi la comtesse de Boufflers avait à un haut point le sentiment de l'ordre familial.

On rapporte d'elle une parole qui exprime bien ses regrets : elle faisait un jour l'éloge de la vertu, de la fidélité conjugale; ses interlocuteurs se montraient étonnés, elle s'en aperçut et ajouta : « Je veux rendre à la vertu par mes paroles ce que je lui ôte par mes actions. »

Elle trouva dans Hume un ami sage qui essaya, par des lettres pleines du dévouement le plus noble, de la consoler de l'écroulement de ses espérances. La charmante femme finit par ensevelir son amertume au fond de son âme, et, le cœur navré, accepta la destinée qui lui était faite près du prince.

Elle avait, d'ailleurs, trouvé dans Rousseau une amitié qu'elle se plaisait à cultiver, et qui tient une place marquée dans plusieurs années de sa vie. Les lettres nombreuses qu'elle lui écrivit respirent l'affection d'une âme d'élite. Elle l'avait connu à Montmorency, en 1759, en même temps que la Maréchale de Luxembourg : elle ne cessa de faire tout au monde pour lui être agréable et utile, l'obliger, le tirer des mauvais pas. Elle était présente au moment des adieux du philosophe à Mme de Luxembourg, quand l'*Emile* fut condamné.

On connaît le rôle important qu'elle se trouva dans la nécessité de jouer au milieu de la querelle fameuse qui s'éleva entre Hume et l'auteur d'*Héloïse*. Son intervention est vraiment admirable. Amie des deux personnages, elle prononça pour juger leur conduite réciproque des paroles dignes de Salomon.

Ce fut sans doute pour faire diversion à ses intimes chagrins qu'elle fit, au printemps de 1763, un voyage en Angleterre, qui fut un événement sensationnel dont Londres et Paris s'occupèrent, et dont les souvenirs sont consignés dans les annales de l'époque. Elle fut reçue partout comme une des femmes les plus remarquables de notre pays. Les témoignages abondent, et font ressortir sa supériorité, son rayonnement, son éclat.

Elle entretint avec Gustave III, roi de Suède, une correspondance qui offre un intérêt à la fois sentimental et historique. Elle l'avait connu en 1771, à Paris, lorsque, prince royal encore, il avait séjourné parmi nous.

Lorsque le prince de Conti mourut, le 2 août 1776, la favorite du Temple se retira à Auteuil où elle possédait une magnifique propriété. Mme du Deffand, qui lui rendit visite dans son deuil, signale sa grande affliction et l'appelle « la divine comtesse ». Elle avait eu un fils, marié en 1768 à Mlle Amélie des Alleurs, fille de l'ambassadeur à Constantinople, et devenu rapidement colonel du régiment de Conti. La belle-fille tenait compagnie à la comtesse : on cite d'elle des mots d'esprit pleins d'originalité.

Dans les dernières années de sa vie, la Maréchale de Luxembourg vécut aussi près d'elle à Auteuil. Rousseau n'était plus. Les deux cousines sûrement firent le pèlerinage d'Ermenonville, et se recueillirent devant le tombeau de l'Ile-des-Peupliers; qui avait connu mieux qu'elles celui qui reposait là !

On ignore la date précise de la mort de celle qui fut la Minerve savante; on croit généralement qu'elle s'éteignit vers 1800, après avoir traversé la Révolution sans être trop inquiétée.

LA DUCHESSE DE CHOISEUL (1). — Née Louise-Honorine Crozat du Châtel, cette femme qui, après avoir redouté Mme de Luxembourg, qu'elle appelait *la chatte rose*, finit par raffoler d'elle, n'eut guère qu'une passion dans sa vie, elle aima son mari, n'aima que lui, et lui fut dévouée jusqu'à la mort. En cela son mérite fut grand, car le duc de Choiseul était le plus volage des hommes. Il eut des liaisons magnifiques, tel un prince, et en grand nombre, tel Don Juan. Toutefois, il témoignait à sa femme les plus grands égards : personne ne l'estimait plus que lui, en raison même sans doute de ses infidélités; plus il la trompait, plus il avait pour elle de gratitude et de respect : c'est très humain.

Autre mérite encore : Mme de Choiseul n'était pas croyante, elle avait l'esprit philosophique de son temps, l'esprit sceptique, incrédule, qui ne marche qu'au flambeau de la raison, mais elle possédait aussi au plus haut degré le sentiment du devoir et celui de sa dignité, double sentiment qui, chez elle, n'avait pas besoin d'une croyance pour se soutenir. On pourrait lui appliquer le mot de Flaubert : « Elle pratiquait la vertu sans y croire. »

La Maréchale lui en imposait par son esprit, son allure entraînante, l'étonnante puissance de rayonnement qui était en elle. Mme de Choiseul avait au fond de son âme des audaces de pensée qu'elle gardait pour elle seule : dans les relations de la vie, elle était

(1) Née en 1734, morte le 3 Décembre 1801.

plutôt réservée, prudente, montrant de la sympathie à tous ceux qui l'approchaient. Elle avait un grand fond de bonté : les liaisons multiples de son mari auraient pu rendre son caractère difficile, acariâtre, atrabilaire même; il n'en fut rien, elle cachait sa souffrance, dédaignait les plaintes, les lamentations, se résignait, avait pitié d'elle-même, souriait à l'existence et s'efforçait de rendre des services. « C'était une sainte ! » dit un observateur éclairé qui vécut dans l'intimité des Choiseul, et qui ajoute « qu'elle n'eut d'autres croyances que celles que prescrit la vertu sceptique. »

Après avoir connu le faste éblouissant et vécu dans un luxe princier, à Paris et dans le domaine de Chanteloup, elle connut les revers et passa ses derniers jours dans la pauvreté. Au milieu de l'adversité, comme au temps de sa splendeur, elle resta la même, sans se plaindre, sans murmurer, sans perdre le stoïcisme qu'elle portait en elle. « L'heureuse fortune, dit Gaston Maugras, n'avait pas eu le don de la griser, la fortune adverse ne put l'abattre... elle sut toujours se montrer supérieure aux événements. » Zénon et Marc-Aurèle auraient en elle reconnu leur disciple.

La marquise de Montesson. — Avec la Minerve savante, Charlotte-Jeanne Béraud de la Haie de Riou (1) était une des femmes les plus séduisantes

(1) Née en Bretagne en 1737, morte à Paris le 6 février 1806.

de l'entourage de la Maréchale. A 17 ans à peine, elle avait épousé le marquis de Montesson, lieutenant-général, déjà sur l'âge, qui la laissa veuve en 1769. Elle s'était fait remarquer, dans la haute société parisienne, par la distinction de son esprit, la réserve, l'amabilité de son caractère, la correction de sa conduite. Elle fut recherchée par le duc d'Orléans, Louis-Philippe, petit-fils du Régent, qui, d'un premier mariage avec Louise de Bourbon-Conti, avait eu deux enfants dont l'un fut Philippe-Égalité, de peu sympathique mémoire.

Comme elle résistait aux avances du duc, il finit par lui offrir sa main, et en 1773 il l'épousa secrètement. Louis XV, assez large en ces matières, avait donné son consentement, mais la femme de Louis-Philippe devait garder le nom de son premier mari. Ce mariage secret ne fut ignoré par personne : il n'aurait pas été plus connu, s'il eut été célébré dans la grande cour du palais de Versailles, devant vingt mille assistants.

Mme de Montesson garda donc son nom et déploya une grande habileté pour désarmer l'envie, et attirer à elle les gens de mérite. Afin de distraire son mari qui aimait le théâtre, elle fit représenter, sur une scène installée dans son hôtel, des comédies, tragédies, drames, qu'elle composait elle-même et où elle jouait le principal rôle. On la compte parmi les femmes bibliophiles averties de son temps.

Sa situation était singulière. Mariée à un prince du sang, sans porter le nom de son mari, sans bénéficier officiellement de son titre, elle restait marquise de Montesson : telle Mme de Maintenon, mariée à Louis XIV. La favorite du grand roi sur le tard n'avait pas su attirer la sympathie autour d'elle, l'Histoire ne pourrait la lui donner et la regardera toujours de travers. Il y a dans sa vie des tares qui l'enveloppent de répulsion. Si elle avait eu de la générosité dans le caractère, peut-être aurait-elle pu les faire oublier : ce fut le contraire qui arriva.

Mme de Montesson, qui ne traînait pas derrière elle un passé livide, et qui avait de grandes qualités de cœur et d'esprit, créa et conserva toujours autour de sa personne et de son nom une atmosphère de sympathie, aussi bien à la cour qu'à la ville. La Maréchale de Luxembourg et elle ne pouvaient que s'attirer et se plaire. Elles représentaient noblement la grande existence de leur époque; elles possédaient la fascination du cœur et de l'esprit, avec le prestige de l'élégance française.

La marquise de Boufflers. — Dans l'entourage de la Maréchale, voici l'amie de passage qui n'habite point Paris. Marie-Françoise-Catherine de Beauvau-Craon, séparée de son mari, le marquis de Boufflers-Remiencourt, officier de mérite, joua un rôle prépondérant à la cour du bon roi Stanislas qui, après avoir renoncé à la couronne de Pologne en 1736, vint se fixer en Lorraine, à Lunéville, et fit, pendant près de trente ans, le bonheur de cette province. Favorite du prince, la marquise aida Stanislas à faire le bien, à rendre des services, à soulager les malheureux, à créer des œuvres utiles à Lunéville et à Nancy. Elle fut très aimée dans toute la région : cette femme semble avoir possédé la science du bonheur pour autrui comme pour elle.

Nous remarquons ce passage dans un de ses portraits tracés à l'époque : « Elle parlait peu, écrivait peu, lisait beaucoup... pour s'exempter de parler. Ses lectures s'étaient bornées à peu de livres qu'elle relisait souvent. Elle ne retenait pas tout, mais il en résultait néanmoins pour elle, à la longue, une source de connaissances d'autant plus intéressantes qu'elles prenaient la forme de ses idées. »

Voltaire se plaisait à correspondre avec elle : il lui adressa un jour ce compliment :

> Vos yeux sont beaux, votre âme est encore plus belle,
> Vous êtes simple et naturelle,
> Et sans prétendre à rien, vous triomphez de tout.
> Si vous eussiez vécu du temps de Gabrielle,
> Je ne sais pas ce qu'on eut dit de vous,
> Mais on n'aurait point parlé d'elle.

Après la mort de Stanislas, en 1766, la cour de Lunéville cessa d'exister; les courtisans, les amis se dispersèrent. La marquise de Boufflers partit pour le Languedoc, puis vint à Paris où elle séjourna assez longtemps : elle était apparentée à la plus haute société; le prince de Beauvau était son frère, elle avait pour sœurs la maréchale de Mirepoix, Mme de Bassompierre et Mme de Montrevel; la comtesse de

Boufflers-Rouverel, la maréchale de Luxembourg, nous l'avons dit, étaient ses cousines, et avant tout ses amies.

Son fils, le chevalier de Boufflers, lui donnait un **grand bonheur** par son affection et son dévouement, **et aussi** par le succès de ses poésies légères qui faisaient le grand agrément de la belle société. Partout où elle allait, elle était fêtée, adulée. Elle devait à son heureux caractère, à son esprit, aux grâces de sa personne cette universelle sympathie. Il y avait en elle je ne sais quelle harmonie communicative; on était heureux de la voir et de l'entendre.

Les amis qu'elle avait laissés en Lorraine s'attristaient de son long séjour à Paris où on s'efforçait de la retenir; ils la pressaient de revenir. Elle finit par songer sérieusement au retour. La vie mondaine de **Paris** altérait sa santé, et faisait le vide dans sa **bourse.** Elle se trouvait sans grandes réserves de fortune, il était temps de regagner la Lorraine, et d'y mener une vie paisible, s'harmonisant mieux avec ses modestes revenus. Elle semble avoir eu quelque chose de la Cigale du bon La Fontaine.

Elle revint donc et se fixa à Nancy : elle y retrouva ses amis du bon temps, ses anciens adorateurs, tous restés fidèles, et aussi les sympathies des diverses classes de la société. Le bien qu'elle avait fait au temps de sa prospérité et de sa faveur n'était pas oublié; la Lorraine entière en gardait le souvenir accompagné de gratitude, et s'attendrissait presque de la voir mener une existence des plus simples.

Le don d'aimer, qui semblait l'envelopper, l'avait fait surnommer dans l'entourage *Dame de Volupté*, qualification qui ne lui déplaisait pas, car on lui attribue — peut-être à tort — sa propre épitaphe ainsi conçue :

> Ci-gît, dans une paix profonde,
> Cette *Dame de Volupté*,
> Qui, pour plus grande sûreté,
> Fit son paradis de ce monde.

Au mois de juin 1786, la marquise de Boufflers se trouvait à Scey-sur-Saône (Haute-Saône), chez son vieil ami, le prince de Bauffremont. Elle tomba malade, et, le 1er juillet, elle succomba à une attaque d'apoplexie. Elle fut enterrée dans l'église paroissiale et dans la chapelle du prince de Bauffremont. Elle était âgée de 75 ans.

Ainsi finit cette femme charmante qui avait fait les délices de la cour de Lunéville, avait été aimée, adorée, et avait laissé un parfum de noblesse, de beauté, d'ensorcellement partout où elle avait passé et vécu.

Parmi les hommages rendus à sa mémoire, j'ai remarqué ce passage de Cérutti : « Le monde n'avait pas une femme qui eut un esprit plus naturel : la campagne, en rendant son esprit plus calme, y ajoutait un charme nouveau. »

Je me la représente se promenant, avec la Maréchale de Luxembourg, sous les ombrages du parc de Mont-

morency. Quel rayonnement dans ces deux femmes !
Quelle autre époque en a connu de semblables !

La maréchale de Mirepoix. — Le prince de
Ligne résume d'un trait le charme de cette femme :
« Elle avait cet esprit enchanteur qui fournit de quoi
plaire à chacun. Vous auriez juré qu'elle n'avait
pensé qu'à vous toute sa vie. Où retrouvera-t-on une
société pareille ? »

Louis XV lui portait beaucoup d'affection et
avec bonne grâce payait les dettes réitérées qu'elle
faisait au jeu; c'était là sa passion, son vice. Sœur
du prince de Beauvau et de la marquise de Boufflers,
l'amie de Stanislas, elle avait rayonné dès sa jeunesse
partout où elle avait paru, pareille en cela au groupe
de femmes dont nous ne traçons ici qu'un léger
croquis, et qui donnaient tant d'éclat au salon de la
Maréchale de Luxembourg.

Malgré les années, l'esprit de Mme de Mirepoix
restait jeune, alerte, primesautier : c'est ce que
Mme du Deffand fait ressortir dans une lettre,
en 1767 : « Sa figure, dit-elle, suit la marche ordinaire,
et elle atteindra soixante ans au mois d'avril pro-
chain, mais son esprit rétrograde, et aujourd'hui il
n'a guère plus de quinze ans. » Ajoutons qu'elle était
une bibliophile de premier ordre.

Ainsi que la comtesse de Boufflers, elle était à
Montmorency quand Rousseau dut s'exiler, après la
publication de l'*Emile*, et elle assista à la scène des
adieux. Comme Mme de Luxembourg et Mme de Bouf-

flers, elle embrassa le philosophe : il fut touché de son élan, de ses paroles, de son émotion, et en quelques lignes bien caractéristiques, comme lui seul en sait écrire, il a consacré à jamais, dans les *Confessions*, le souvenir de cette femme remarquable.

Nous arrêterons là ces esquisses trop rapides des amies de la Maréchale de Luxembourg. A Paris, comme à Montmorency, elle les recevait, ainsi que bien d'autres, hommes et femmes que nous pourrions rappeler, avec la simplicité que donne l'esprit, avec la grâce et l'élégance qu'elle personnifiait si bien, avec le luxe, le faste même que permettent les grandes fortunes.

Qui n'éprouve le regret de n'avoir point vécu au milieu de ces personnages, de cette élite admirable de l'ancienne France ? « Où retrouvera-t-on jamais une société pareille ? » demandait le prince de Ligne. Cette société, hélas ! est morte pour toujours : son souvenir pourtant ne saurait périr ; en l'évoquant on éprouve encore une volupté infinie.

Chapitre IV

LA MARÉCHALE DE LUXEMBOURG
ET JEAN-JACQUES ROUSSEAU

Rousseau quitte l'Ermitage, et va habiter la maison de Mont-louis, non loin du château de Montmorency. — Description de ce château. — La famille de Luxembourg adresse des invi-tations au philosophe. — Le maréchal va le voir. — Rousseau lui rend sa visite, et devient un familier du château. — Joie réciproque de se connaître. — Jugement de Jean-Jacques sur la Maréchale. — Il lui fait la lecture de la Nouvelle Héloïse, encore inédite. — Engouement de Mme de Luxem-bourg. — Raisons de cette admiration. — Charme profond de la Nouvelle Héloïse pour les femmes du XVIIIᵉ siècle. — Elles se reconnaissent plus ou moins dans Julie d'Etange.

Rage d'envie des anciens et faux amis de Rousseau, devenus ses ennemis. — Portrait de Grimm par un contemporain. — Lecture de l'Emile à la Maréchale. — Succès du livre. — Rôle des femmes dans le mouvement des idées. — Les invités du château rendent visite à Rousseau. — Le philosophe fait don au Maréchal de son portrait par La Tour. — La Maré-chale fut dévouée à Jean-Jacques jusqu'à la fin.

L'événement capital de la vie de la Maréchale de Luxembourg, c'est sa rencontre, à Montmorency, avec Jean-Jacques Rousseau. Si son nom et son souvenir sont enregistrés par l'Histoire et survivent dans la mémoire humaine, elle le doit au philosophe qui l'entraîne dans le sillage de sa renommée. Lui, de son côté, lui doit beaucoup, ainsi qu'au maréchal, son mari. Il connut près d'eux des plaisirs délicats, des joies d'amour-propre chères à un écrivain, le luxe et l'élégance d'une grande maison. Dans leur vaste et grand château de Montmorency, au Petit-Château où il logea, sous les ombrages de leur parc, au milieu des fleurs et des orangers de leur jardin, au bruit léger des cascades de leur domaine, il eut de bons moments, des jours riants, des impressions heureuses, et connut l'oubli fortuné des misères humaines.

Nous sommes au 15 décembre 1757. Jean-Jacques vient de rompre avec Mme d'Epinay et son entourage et de quitter l'Ermitage, en compagnie de Thérèse. A quelque distance, il a pu s'installer à Montmorency, dans une maison appelée le Petit-Montlouis, sur une hauteur, non loin du château des Luxembourg, exactement à 650 mètres. Il est dans la période montante de la gloire, les *Discours*, le *Devin du Village*, d'autres essais ont jeté autour de son nom une auréole de célébrité; on attend de lui des ouvrages plus importants; voici d'ailleurs, sans plus tarder, la *Lettre à d'Alembert sur les Spectacles*, accueillie avec un grand succès.

Le château de Montmorency, ou plus exactement son usufruit appartenait aux Luxembourg depuis le 6 mai 1750. Le prix avait été de 60.000 livres. L'acte

d'acquisition. porte ces deux signatures : *Montmorency-Luxembourg*, rue Saint-Marc, à Paris, et *Madeleine-Angélique de Villeroy, duchesse de Boufflers*.
rue d'Anjou, faubourg Saint-Honoré.

Ces deux signatures s'expliquent : à la date de l'acquisition, 6 mai 1750, le mariage du maréchal n'avait
pas eu lieu encore; il ne fut célébré que le 29 juin.

Ce château était remarquable par sa situation : il
était entouré d'élégantes plantations, de jardins,
d'avenues, d'un parc riche d'ombrages; les eaux y
étaient abondantes en bassins et en cascades, on y
jouissait d'une vue magnifique; de larges terrasses
en accentuaient le relief; c'était vraiment une maison
princière.

D'après les documents de l'époque, on y trouvait
une bibliothèque qui comprenait cent mille volumes.
un cabinet de physique et d'histoire naturelle formé
par Buffon : au milieu de ces richesses littéraires et
scientifiques et de tout ce beau domaine, se déga-
geait une atmosphère de grandeur, de haute culture,
de magnificence intellectuelle.

Nous devons à Dezallier d'Argenville une description intéressante de ce château de Montmorency (1),
qui avait appartenu à Pierre Crozat, dit « le pauvre »,
par opposition à son frère Antoine, qui possédait
une fortune considérable. Pierre Crozat avait acheté
le domaine en 1702, aux héritiers de Charles Lebrun.

---

(1) *Voyage pittoresque des Environs de Paris*, par M. D***, Paris.
1749 et 1755.

premier peintre du roi : l'habitation consistait seulement alors dans ce qu'on appela le Petit-Château (bâti jadis par l'artiste), lorsque Crozat eut fait **édifier** le grand château, demeure où nous trouvons les Luxembourg.

Montmorency s'appelle aujourd'hui Enguyen, écrit Dezallier d'Argenville. La maison de feu M. Crozat est dans une exposition très avantageuse, et doit être mise au nombre des plus gracieuses maisons qui soient aux environs de Paris. Cartaud a donné le dessin du bâtiment, qui ne forme qu'un corps de logis. De grands pilastres Corinthiens en règlent l'architecture : ils embrassent deux étages et sont élevés sur un piédestal, dans la hauteur duquel on a ménagé des ouvertures qui éclairent le soubassement placé sous le rez-de-chaussée : cet ordre est couronné par une corniche architravée et par une balustrade.

Du côté de l'entrée, se présente un vestibule qui précède un salon à l'Italienne, percé dans la hauteur des deux étages, et couvert en dehors par une calotte. Sa décoration intérieure consiste en pilastres Corinthiens, surmontés de Cariatides. La Fosse a peint, dans la cage, *Phaéton demandant à son père la conduite de son char*. Au-dessus du vestibule est placée la chapelle, très bien décorée sur les dessins de Le Gros qui a sculpté à l'autel une Gloire céleste.

Les jardins doivent leur principale beauté à Le Brun, leur ancien maître. Il semble que l'ombre de ce grand peintre se plaît encore dans ces mêmes lieux où le génie lui prodigua ses trésors, et lui communiqua tant de lumières qu'il en eut assez pour éclairer les arts que Louis XIV avait tous subordonnés à son premier peintre.

On trouve d'abord une terrasse soutenue d'un talus, au bas duquel sont deux pièces de parterre et un bassin terminé par une seconde terrasse du côté de la campagne. Sur le côté droit est un boulingrin, suivi d'un autre, de forme ronde, avec un bassin. Vous voyez en face la serre de l'Orangerie, dont le plan est circulaire : élevée par Oppenord, elle est décorée de trois arcades à bandes, avec des masques à leur clef. Un Amour, monté sur un lion, fait l'amortissement de la principale arcade. Plus haut est un petit jardin fermé, servant d'Orangerie.

On aperçoit à côté un très joli bâtiment (le Petit Château), entouré de portiques et bâti par Le Brun, qui y a peint quelques morceaux. Ce bâtiment a une vue sur une grande pièce d'eau à pans : au-dessus et à côté, sont différentes salles et une grotte ornée de fontaines, et d'une rangée de nappes formant une petite cascade, dont le réservoir est une pièce d'eau échancrée qui se trouve dans le haut du jardin. En face de la maison, au-dessous de la cour, il y a une pièce d'eau octogone, dite de la Laitière, entourée de quinconces.

De son côté, Rousseau a consacré le souvenir de cette demeure par ces lignes impressionnantes : « On voit à Montmorency une maison particulière, laquelle ayant la magnificence des plus superbes châteaux, en mérite et en porte le nom. L'aspect imposant de ce bel édifice, la terrasse sur laquelle il est bâti, sa vue unique peut-être au monde, son vaste salon peint d'une excellente main, son jardin planté par le célèbre Lenôtre, tout cela forme un tout dont la majesté frappante a pourtant je ne sais quoi de simple qui soutient et nourrit l'admiration. »

La famille de Luxembourg ne pouvait ignorer son nouveau voisin, dont le nom était dans toutes les bouches, dont le génie original attirait l'attention et excitait la curiosité de la société polie. Quand elle séjourne à Montmorency, à Pâques et en juillet, dès 1758, quatre mois à peine après l'installation de Rousseau à Montlouis, elle songe à l'attirer au château et lui fait des avances, des politesses : il est invité à dîner quand il voudra, les amis de la Maréchale lui rendent des visites, et l'engagent à venir la voir, elle et son mari, il sera bien accueilli.

Rousseau remercie, mais ne se dérange pas. Il faut que le maréchal fasse lui-même les premiers pas ; il vient rendre visite au philosophe en nombreuse compagnie, aux vacances de Pâques de 1759, vers le 15 avril : alors toute hésitation disparaît, Rousseau se sent ému, sa fierté s'est assez affirmée, à son tour il se présente au château. Comme on peut le constater, le philosophe mit une année avant de se lier avec l'illustre famille. Il y avait en lui une noble réserve qui l'empêchait d'accepter trop vite les avances de ces grands personnages.

Il avait fui Paris pour vivre à sa guise à la campagne, pour travailler aux ouvrages qui fermentaient dans son esprit. Délivré de Mme d'Epinay et de la société de la Chevrette, il redoutait de s'engager dans des relations nouvelles, et il prenait son temps. Un Grimm, un La Harpe, un Marmontel, un Morellet, un Diderot même seraient allés, auraient couru au château derrière le domestique qui serait venu leur apporter une invitation. Rousseau, lui, conforme ses actes à ses principes de réforme, à ses goûts de retraite. Il ne se donne que devant la bonne grâce, devant l'insistance charmante. Sa réserve dut plaire à la Maréchale; elle comprit qu'elle avait rencontré un homme de caractère.

Les relations commencèrent donc; bientôt nous les verrons prendre un développement intéressant, une importance exceptionnelle.

Il ne pouvait en être autrement. Qu'on songe, d'une part, au caractère de la Maréchale, alors âgée de cinquante-deux ans, à son expérience, à son esprit, à son attirance vers toutes les manifestations de l'intelligence, et, d'autre part, au génie de Jean-Jacques, âgé de quarante-sept ans, génie qui s'affirmait par des idées nouvelles, par un style enchanteur, par une sorte de magie inconnue, et on comprendra le haut intérêt, l'espèce de fascination que l'un et l'autre ressentaient en se rencontrant, en se voyant, en conversant à l'aise. Quelle découverte pour Rousseau qu'une femme de ce mérite ! Et pour elle quelle révélation qu'un si grand esprit, si original, si en dehors des préjugés, des vanités, des prétentions enfantines du monde !

Rencontrer l'être supérieur qu'on avait pu rêver, l'âme enrichie des magnifiques dons de l'intelligence et du sentiment, l'âme créatrice d'émotion, d'enthousiasme, de sublime idéal, quelle heureuse fortune ! La Maréchale le comprit, et s'attacha à Rousseau, dès le début, avec une sympathie profonde qu'elle conserva jusqu'à sa mort. Il le sentit, et nous citerons plus loin une lettre de lui bien caractéristique à cet égard, lettre écrite à Monquin, dans le Dauphiné, le 26 février 1770, et adressé à M. de Saint-Germain.

Certes, depuis son premier mariage en 1721, son entrée dans le monde et à la cour; depuis son second mariage en 1750 et la création de son salon, elle avait vu, fréquenté, connu des gens de haute valeur, gens du monde, de la politique, des lettres, de la philosophie... Elle n'en avait point rencontré encore de l'étoffe de Jean-Jacques.

Au Livre X des *Confessions*, Rousseau trace ce portrait de la Maréchale :

« Je craignais excessivement Mme de Luxembourg. Je savais qu'elle était aimable. Je l'avais vue plusieurs fois au spectacle et chez Mme Dupin, il y avait dix ou douze ans, lorsqu'elle était duchesse de Boufflers, et qu'elle brillait encore de sa première beauté. Mais elle passait pour méchante, et, dans une aussi grande dame, cette réputation me faisait trembler. A peine l'eus-je vue que je fus subjugué. Je la trouvai charmante, de ce charme à l'épreuve du temps, le plus fait pour agir sur mon cœur.

« Je m'attendais à lui trouver un entretien mordant et plein d'épigrammes. Ce n'était point cela, c'était beaucoup mieux. La conversation de Mme de Luxembourg ne pétille pas d'esprit. Ce ne sont pas des saillies, et ce n'est pas même proprement de la finesse; mais c'est une délicatesse exquise, qui ne frappe jamais et qui plaît toujours. Ses flatteries sont d'autant plus enivrantes qu'elles sont plus simples; on dirait qu'elles lui échappent sans qu'elle y pense, et que c'est son cœur qui s'épanche, uniquement parce qu'il est trop rempli. Je crus m'apercevoir, dès la première visite, que, malgré mon air gauche et mes lourdes phrases, je ne lui déplaisais pas. Toutes les femmes de la cour savent vous persuader cela quand elles le veulent, vrai ou non; mais toutes ne savent pas, comme Mme de Luxembourg, vous rendre cette persuasion si douce qu'on ne s'avise plus d'en vouloir douter (1). »

Le début de ces relations fut plein de ferveur : des deux côtés, on vit, on respire dans le contentement intime de se connaître, de se voir souvent; la sympathie, l'amitié, l'affection naissent, s'affirment. La Maréchale, son mari se donnent au philosophe, et lui se donne à eux.

Un événement se passe qui met le comble à cette satisfaction réciproque, c'est la lecture de la *Nouvelle Héloïse* faite à Mme de Luxembourg par l'auteur, avant la publication. Écoutons Rousseau :

« Je m'avisai d'un supplément pour me sauver auprès d'elle l'embarras de parler, ce fut de lire. Elle avait ouï parler de la *Julie*, elle savait qu'on l'imprimait, elle marqua de l'empressement de voir cet ouvrage; j'offris de le lui lire, elle accepta. Tous les matins, je me rendais chez elle sur les dix heures; M. de Luxembourg y venait; on fermait la porte. Je lisais à côté de son lit, et je compassai si bien mes

(1) *Les Confessions*. Livre X.

lectures qu'il y en aurait eu pour tout le voyage, quand même il n'aurait pas été interrompu.

« Le succès de cet expédient passa mon attente. Mme de Luxembourg s'engoua de la *Julie* et de son auteur; elle ne parlait que de moi, ne s'occupait que de moi, me disait des douceurs toute la journée, m'embrassait dix fois le jour... On peut juger de l'impression que ces manières charmantes faisaient sur moi que les moindres marques d'affection subjuguent. Je m'attachai réellement à elle, à proportion de l'attachement qu'elle me témoignait (1). »

Jean-Jacques donna les prémices de son livre célèbre à la femme du xviiie siècle qui certainement était le mieux à même de l'apprécier, de le goûter, de l'admirer à tous égards. Il est facile de comprendre l'engouement de la Maréchale à cette lecture. Dans Julie d'Etange elle se reconnaissait elle-même. N'était-ce point là au fond l'histoire de ses entraînements, des folles passions de sa jeunesse, puis de son retour à la raison, de sa réforme, de sa vie utile et bien ordonnée, après les jours orageux du passé.

Oui, dans Rousseau elle découvrait un magicien de la passion, célébrant les délices d'un attachement, l'intime bonheur d'une liaison, les tourments, les craintes, les désespoirs même qui les viennent traverser, le plaisir infini des lettres, des aveux, des rendez-vous, des confidences, des rencontres, des

____

(1) *Les Confessions.* Livre X.

abandons désirés et redoutés, bref de tout le poème des amours.. elle ne l'avait que trop connu.

Mais, en lui aussi elle trouvait un rédempteur. Après la chute, il relève celle qui est tombée, qui s'est égarée, il la remet dans la bonne voie, il la pare d'une renaissance, il lui apporte des joies qu'elle ignorait, la maternité, la nature, une maison où règne l'harmonie des arrangements, la beauté de l'ordre intérieur, la poésie d'un parc, d'un jardin, des arbres, de l'eau, des fruits, du soleil levant, de la brise qui frémit dans la verdure...

Pour Mme de Luxembourg qui en eut la primeur, comme pour toutes les femmes qui se jetèrent sur l'ouvrage, quand il parut en 1760, la *Nouvelle Héloïse* fut l'œuvre attendue, et détermina le triomphe suprême de Rousseau dans les cœurs féminins. Jamais écrivain n'avait parlé encore de l'amour avec cette ardeur communicative, ces images brûlantes, cette fièvre de l'être entier transfiguré par la passion et prêt à tous les sacrifices.

Le titre seul de l'ouvrage, en quatre volumes in-12, tel qu'il parut à Paris en 1764, renferme une séduction, le voici : *La Nouvelle Héloïse ou Lettres de deux Amants, habitants d'une petite ville au pied des Alpes, recueillies et publiées par J.-J. Rousseau.* L'édition originale d'Amsterdam, en quatre volumes in-12, date de 1761.

Je me souviens que, dans ma toute jeunesse, voyageant en Italie, et parcourant les rues de Naples, j'aperçus cette édition de Paris à la vitrine d'un libraire. Le premier volume était ouvert, et le titre m'attira par son mélange de caractères imprimés en rouge et en noir. En lisant ces mots magiques : *Lettres de deux Amants*, en contemplant cette édition ancienne, j'éprouvai une sensation extraordinaire, et remontant le cours des années, je crus avoir la perception nette de l'attrait que ce livre fameux avait exercé sur les contemporains de Rousseau, sur les femmes surtout qui étaient, en 1760, — il y a plus d'un siècle et demi — dans la fleur de leur jeunesse et l'éclosion de leur vie sentimentale, ou qui avaient traversé le feu des passions, comme la Maréchale de Luxembourg. et retournaient la tête avec mélancolie vers les printemps disparus.

Vous vous les représentez, n'est-ce pas, ces femmes charmantes, à la fois mélancoliques et spirituelles, élégantes et tendres, attirées par les lettres et les arts, saluant le mérite, quelle que fut son origine, sachant par cœur *Phèdre, Andromaque, Bérénice* de Racine, et se reconnaissant avec bonheur dans les comédies si françaises de Marivaux, dans les *Fausses Confidences* surtout. Emportées par le courant philosophique du siècle, elles admiraient Voltaire et les Encyclopédistes, mais elles ressentaient pour Rousseau un intérêt particulier.

Elles sentaient bien que c'était son âme à lui, Jean-Jacques, qui vibrait dans la *Nouvelle Héloïse*, et elles lui savaient gré d'avoir pénétré si loin dans la profondeur mystérieuse des passions et, en définitive, de n'avoir vécu que pour aimer.

L'histoire de Julie, c'était plus ou moins la leur. à toutes, ainsi que pour la Maréchale. Chacune d'elles avait un Saint-Preux dans son existence et ne connaissait que trop ses fascinations et son empire. Au fond de leurs hôtels et de leurs châteaux, repliées sur elles-mêmes, ne trouvant pas ou n'éprouvant plus dans la foi religieuse le contentement rêvé, avides d'inconnu, assaillies de désirs qui annonçaient des temps nouveaux, elles dévoraient avec délices ces lettres de Julie, ces réponses de Saint-Preux, qui leur rappelaient leurs propres souvenirs, ou faisaient éclore leurs espérances.

Durant les beaux jours, elles s'égaraient sous les ombrages de leurs parcs magnifiques, elles gagnaient la retraite embaumée des bois, et devant la statue de quelque déesse, Diane, Vénus ou Pomone, elles méditaient longtemps sur le charme d'une confidence. la félicité d'un rendez-vous, sur le vivant poème enfin d'un attachement qui, ainsi que dans l'ouvrage de Rousseau, se déclare, grandit, se développe, et va absorber une vie entière.

Tout cela, Jean-Jacques l'avait compris, et c'est ce qui fait de l'*Héloïse* un chef-d'œuvre. La Maréchale ne s'y était point trompée. Ce livre a pour point d'appui l'exclusivisme éternel et fatal de ceux qui aiment, et comme il est écrit dans la plus belle prose française qui se soit révélée depuis La Bruyère et Bossuet, il eut un succès sans précédent lorsqu'il fut publié : de là aussi sa survivance à travers les âges. Il a conservé pour nous sa fraîcheur et son éclat, parce que le cœur humain reste le même dans tous les temps et sous toutes les latitudes.

Rousseau, en quittant l'Ermitage, avait laissé derrière lui ses anciens et faux amis, jaloux de l'originalité de ses talents, de son génie, et avait rompu avec eux. C'étaient autant d'ennemis acharnés : voici l'abominable allemand, Melchior Grimm en tête; puis Diderot, cerveau puissant, mais un peu hanneton de caractère, et parfois mauvais; la faible Mme d'Epinay, puis tous ceux que Jean-Jacques englobe sous le nom de « coterie holbachique ». Voltaire fait partie de la bande; il plaisante là-bas, aux Délices et à Ferney, il ricane, il ment de toutes ses forces, mais il est furieux contre l'auteur de la Lettre à d'Alembert.

Plusieurs, dans le délire de la jalousie, s'étaient imaginé qu'en s'éloignant d'eux, il se perdait, qu'il allait végéter dans la misère et sombrer dans l'oubli, épave misérable de la littérature, étincelle à jamais éteinte. Quand ils surent qu'il était reçu et choyé au château de Montmorency et à l'hôtel de Luxembourg, à Paris, qu'il était visité par la plus haute société de l'époque dans son logis de Montlouis, ils connurent la pâleur de l'envie, on remarqua leur air sombre, leurs paroles saccadées, leur teint terreux. « Il nous avait remplacés par des gens de premier rang, écrit l'abject Grimm, il jouissait de l'encens de ce qu'il y a de plus grand et de plus distingué dans le royaume, sans compter une foule de femmes qui s'empressaient autour de lui (1). »

Puisque nous parlons de Grimm, souvenons-nous que, dès le début, il fut jugé par les bons observateurs à sa juste valeur, c'est-à-dire comme un vil intrigant. Dans un opuscule du XVIIIe siècle, rarissime, nous trouvons sur lui un passage qui prouve que ce coquin n'en imposait pas à tout le monde et était suffisamment méprisé. L'opuscule a pour titre : *Supplément historique et essentiel à la troisième livraison de l'état nominatif des pensions sur le Trésor royal.* Au Palais-Royal, 1790, in-8, pages 16 et 17.

Voici le passage : « Les gouvernements se passionnent quelquefois pour des talents officieux; ils prennent le zèle pour la capacité, et des réflexions pour des vues. Si un homme joint à un extérieur de sagesse un peu d'habileté, il dispose ordinairement de la volonté du ministre. Par l'habileté, j'entends de la souplesse et un penchant à l'admiration...

« Qu'est-ce qu'un Grimm, par exemple ? Qui peut l'entendre, excepté ceux qu'il flatte ? Que sont mille autres ?... On demandera ce que fait M. Grimm dans toute cette affaire. — Rien, ce n'est qu'un objet de comparaison, mais on est trop heureux lorsque d'un mot on peut exprimer un homme médiocre, adulateur, faux, insidieux et prostituant son suffrage comme le mensonge, selon que l'un ou l'autre convient à ses intérêts. »

(1) *Correspondance Littéraire.* Tome V. Edition Maurice Tourneux.

Ce jugement eut fait plaisir à Rousseau, s'il avait pu le lire.

Ce fut de l'effondrement parmi ses ennemis, lorsque la *Nouvelle Héloïse* parut, et obtint un succès sans précédent dans les annales littéraires. Puis surtout. la haute société, la ville et la cour goûtèrent cette *Julie*, et du coup l'auteur entra dans la grande renommée. Rousseau explique lui-même très finement ce succès. « Il est singulier, dit-il, que ce livre ait mieux réussi en France que dans le reste de l'Europe. quoique les Français, hommes et femmes, n'y soient pas fort bien traités. Tout au contraire de mon attente. son moindre succès fut en Suisse, et son plus grand à Paris. L'amitié, l'amour, la vertu, règnent-ils donc à Paris plus qu'ailleurs ? Non, sans doute, mais il y règne encore ce sens exquis qui transporte le cœur à leur image, et qui nous fait chérir dans les autres les sentiments purs, tendres, honnêtes, que nous n'avons plus. La corruption désormais est partout la même : il n'existe plus ni mœurs, ni vertu en Europe ; mais s'il existe encore quelque amour pour elles, c'est à Paris qu'on doit le chercher.

« Il faut, à travers tant de préjugés et de passions factices, savoir bien analyser le cœur humain pour y démêler les vrais sentiments de la nature. Il faut une délicatesse de tact, qui ne s'acquiert que dans l'éducation du grand monde, pour sentir, si j'ose ainsi dire. les finesses du cœur dont cet ouvrage est rempli (1). »

(1) *Les Confessions*, Livre XI.

La *coterie holbachique* ne se remit jamais de ce triomphe, et garda jusqu'à la fin le pli odieux de ses grimaces.

Mme de Luxembourg, en prenant Rousseau sous son égide, comme une Minerve bienfaisante, avait porté un rude coup à ses ennemis. Pénétrante comme elle l'était, elle ne devait certes pas l'ignorer, et le fait n'était pas pour lui déplaire. Voltaire voyait cet appui d'un mauvais œil, il essaya de l'enrayer, il écrivit même à la Maréchale une lettre embarrassée où perce la bassesse, et où il ment effrontément; nous la citerons plus loin.

Après la lecture de l'*Héloïse*, Rousseau fit celle de l'*Emile* à la Maréchale. Elle ne pouvait se passionner pour ce second ouvrage comme pour le premier : le sujet qu'il traite est d'une nature bien différente, l'admiration qu'il fait naître est sérieuse, et ne se manifeste point par des exclamations, des cris d'enthousiasme, des lettres brûlantes, des fièvres de souvenir ou d'espérance; c'est, si je puis dire, une admiration silencieuse, recueillie et d'autant plus profonde. Le ton d'un traité d'éducation ne peut être celui d'un roman d'amour.

« Au second voyage de Montmorency, de l'année 1760, écrit Jean-Jacques, la lecture de la *Julie* étant finie, j'eus recours à celle de l'*Emile*, pour me soutenir auprès de Mme de Luxembourg; mais cela ne réussit pas si bien, soit que la matière fut moins de son goût, soit que tant de lecture l'ennuyât à la fin.

Cependant, comme elle me reprochait de me laisser
duper par mes libraires, elle voulut que je lui lais-
sasse le soin de faire imprimer cet ouvrage, afin d'en
tirer un meilleur parti (1).

L'*Emile* paraît en mai 1762 : ce ne fut pas seulement alors les mondaines, les grandes dames qui
apportèrent au philosophe leurs suffrages et leurs
applaudissements; il eut pour l'admirer et lui obéir
toutes les épouses et toutes les mères.

Pouvaient-elles refuser leur hommage à celui qui
savait si bien peindre leurs transports, leur enthousiasme juvénile, leurs inquiétudes et leurs angoisses,
à celui qui, au début de son livre, écrit ces paroles
touchantes : « C'est à toi que je m'adresse, tendre et
prévoyante mère qui sus t'écarter de la grande route,
et garantir l'arbrisseau naissant du choc des opi-
nions humaines ! Cultive, arrose la jeune plante avant
qu'elle meure; ses fruits feront un jour tes délices.
Forme de bonne heure une enceinte autour de l'âme
de ton enfant; un autre en peut marquer le circuit,
mais toi seule y dois poser la barrière (2). »

Et plus loin : « On ne songe qu'à conserver son
enfant; ce n'est pas assez : on doit lui apprendre à se
conserver étant homme, à supporter les coups du
sort, à braver l'opulence et la misère, à vivre, s'il le
faut, dans les glaces d'Islande ou sur le brûlant rocher
de Malte... Il s'agit moins de l'empêcher de mourir

(1) *Les Confessions*, Livre X.
(2) *Emile*, Livre I.

que de le faire vivre. Vivre, ce n'est pas respirer, c'est agir, c'est faire usage de nos organes, de nos sens, de nos facultés, de toutes les parties de nous-mêmes qui nous donnent le sentiment de notre existence. L'homme qui a le plus vécu n'est pas celui qui a compté le plus d'années, mais celui qui a le plus senti la vie. »

Nous pourrions citer encore de nombreuses pages touchantes, comme jamais n'en ont écrites ni Diderot, ni Voltaire, ni Montesquieu. Aussi, jamais ces écrivains, si grands cependant, ne furent chers, comme Jean-Jacques, au chœur mélodieux des épouses et des mères.

La Maréchale de Luxembourg donc s'occupa activement de la publication de l'*Emile*, et y fit prendre un intérêt marqué au Directeur de la Librairie, M. de Malesherbes. Que ne pouvait-elle pas ? Elle apportait ainsi sa haute influence au grand mouvement d'idées de la seconde moitié du xviiie siècle, à la savante et laborieuse préparation des droits et des libertés modernes, où les hommes de pensée commençaient à prendre, au sein de la société, la place prépondérante qui leur est due. La naissance, le rang, la richesse, les titres des aïeux ne suffisaient plus pour donner de la valeur. Il fallait affirmer son talent, prouver soi-même sa supériorité, il fallait travailler, faire preuve d'originalité, afin de conquérir l'influence et d'illustrer son nom. Le Tiers-État sortait de l'ombre, les enfants de la bourgeoisie et du peuple devenaient les rivaux des membres du clergé et des fils de la noblesse; bref, l'éclosion d'un monde nouveau s'affirmait chaque jour, et déjà, en 1762, apparaissaient dans les mœurs les principes que 89 devait solennellement proclamer.

L'exemple de Mme de Luxembourg, s'enthousiasmant pour les œuvres de Jean-Jacques, et d'autres faits analogues, telle une conversation animée après souper, au Palais-Royal, chez la duchesse de Chartres (1), prouvent que les femmes prenaient part à ce mouvement salutaire : elles suivaient les travaux des penseurs, et encourageaient les poètes, les nouvellistes, les philosophes, les musiciens, les artistes et les écrivains de tout genre. Que n'auraient pas fait ceux-ci pour leur plaire, pour mériter leurs encouragements, leurs grâces, leurs faveurs ? Il convient d'être juste, et de constater que si les hommes supérieurs exercent une grande influence sur leur époque et notamment sur les femmes — et c'est le cas de Rousseau — par réciprocité, les femmes de la société exercent à leur tour une influence marquée sur ces esprits privilégiés. La pensée d'être compris par elles, l'espoir de les charmer, les stimulent; de là pour une bonne part leurs œuvres les plus vivantes, les plus beaux passages de leurs ouvrages, les cris les plus humains qui s'échappent de leurs lèvres. Donc, reconnaissance et hommage pour le courage, l'intelligence et la grâce des femmes du XVIIIe siècle, qui contribuèrent si puissamment à l'éclosion des temps nouveaux.

(1) Mémoires de Mme de Genlis. Tome II.

Nous l'avons dit, Mme de Luxembourg, durant la belle saison, recevait, au château de Montmorency, l'élite de la haute société, et fêtait dignement ses hôtes. Le prince de Conti venait quelquefois avec sa suite. Alors le château prenait un relief extraordinaire. Les jardins et le parc, qui étaient magnifiques, comme nous l'avons vu, et dont quelques vieilles et rares estampes perpétuent la splendeur, servaient de cadre aux promenades et aux causeries des visiteurs.

Parmi ces derniers, nous pouvons signaler le duc de Villeroy, frère de la Maréchale : il avait épousé la sœur de M. de Luxembourg, — puis le prince de Tingry, cousin germain du maréchal, et beau-père de son fils, le duc de Montmorency, — le marquis d'Armentières, Louis de Conflans, qui fut l'aïeul de l'ensorcelante marquise de Coigny, — la duchesse de Montmorency, belle-fille du maréchal, — la duchesse de Boufflers, belle-fille de Mme de Luxembourg, — la comtesse de Valentinois, de la famille des Villeroy, — la marquise de Boufflers, l'amie de Stanislas à la cour de Lunéville, — le chevalier de Boufflers, fils de cette marquise, — la comtesse de Boufflers, l'amie du prince de Conti, la Minerve savante...

Il arrivait parfois que ces visiteurs, grandes dames et grands seigneurs, quittaient le parc, et montaient un peu plus haut dans Montmorency. Tous de compagnie, ils al'aient rendre visite à l'ermite, comme on l'appelait, à l'écrivain qui les ensorcelait par son style enchanteur, à Rousseau, simple et modeste,

7

mais rayonnant de la gloire d'*Héloïse,* qui venait d'éclore.

C'est ici que se révèle surtout la bonté d'âme et la supériorité d'esprit de la Maréchale de Luxembourg. Elle avait pénétré le caractère ombrageux de Jean-Jacques, elle savait qu'il fallait ménager sa susceptibilité, mais elle savait aussi que rien n'honore un écrivain, un penseur, comme l'hommage de ceux qui peuvent l'apprécier et le comprendre.

C'était elle qui engageait son entourage à gravir le coteau, et à aller rendre visite au solitaire qui, dans son pauvre logis de Montlouis, et dans le petit pavillon de son jardin, souvent sans feu en hiver, écrivait les pages éloquentes qui sont devenues classiques, et qu'apprennent par cœur aujourd'hui les enfants de nos écoles.

Il y a lieu vraiment d'admirer cette délicatesse, cette façon d'honorer le talent et le génie, en un mot cette manière de faire le bien. « Les grandes pensées viennent du cœur », a dit l'admirable Vauvenargues; la Maréchale de Luxembourg le savait, car il est difficile de se montrer meilleure amie qu'elle ne fut pour le citoyen de Genève.

Qu'on juge de la joie et de la fierté de Rousseau, fierté bien légitime, quand ce flot de grands personnages envahissait sa demeure, son jardin, son pavillon de travail; quand ces grandes dames l'interrogeaient sur les secrets de son style; quand le prince de Conti lui demandait de jouer aux échecs avec lui; quand la séduisante comtesse d'Egmont lui citait des lettres brûlantes de Julie et de Saint-Preux, bref quand toute cette société intelligente et lettrée lui parlait avec l'accent de la sympathie et de l'admiration.

Parmi les témoignages d'amitié que se donnèrent, dès le début, M. de Luxembourg, la Maréchale et Rousseau, il convient de mentionner l'affaire du portrait au pastel de celui-ci par La Tour. Jean-Jacques en donne l'intéressant détail.

« Quelque temps après mon retour à Montlouis, dit-il, La Tour, le peintre, vint m'y voir et m'apporta mon portrait au pastel, qu'il avait exposé au Salon, il y avait quelques années [1753]. Il avait voulu me donner ce portrait que je n'avais pas accepté. Mais Mme d'Epinay, qui m'avait donné le sien et qui voulait avoir celui-là, m'avait engagé à le lui redemander. Il avait pris du temps pour le retoucher. Dans cet intervalle vint ma rupture avec Mme d'Epinay; je lui rendis son portrait, et n'étant plus question de lui donner le mien, je le mis dans ma chambre au Petit-Château. M. de Luxembourg l'y vit, et le trouva bien; je le lui offris, il l'accepta; je le lui envoyai. Ils comprirent, lui et Mme la Maréchale, que je serais bien aise d'avoir les leurs. Ils les firent faire en miniature, de très bonne main, les firent enchâsser dans une boîte à bonbons de cristal de roche, montée en or, et m'en firent le cadeau d'une façon très galante, dont je fus enchanté (1). »

(1) *Les Confessions*. Livre X.

Le don de Rousseau doit dater du mois d'août 1759, ou du commencement de septembre. Le 22 septembre, en effet, le maréchal de Luxembourg lui écrivait de Paris : « Je ne vous ai point remercié de votre portrait, parce que j'étais à Versailles ; mais il me fait un plaisir infini, et me donne beaucoup de distractions, quand je lis le matin dans mon cabinet. Les réflexions sont agréables, quand on pense que ce sont les traits d'un ami sur lequel on compte autant (1). »

Le portrait du philosophe par La Tour se trouva donc, à Paris, entre les mains des Luxembourg, dès la fin de 1759. Il y resta jusqu'à la mort de la Maréchale, en 1787. Nous en reparlerons dans un Appendice, en rappelant la mort de M. de Luxembourg, 18 mai 1764 (2).

Dans la citation faite plus haut, le philosophe mentionne le Petit-Château, dont nous avons parlé : il y demeura, en effet, pendant qu'on réparait son logis de Montlouis, comme nous le verrons.

Les rapports de Rousseau et de la Maréchale se multiplièrent par le fait de l'intérêt actif qu'elle prit à la publication de l'*Emile*. L'écrivain, dans les *Confessions*, raconte qu'il se montra maladroit vis-à-vis d'elle, commit des balourdises, des impairs, et perdit ainsi au château — du moins il le croit — une partie de son influence, de son prestige, ou plutôt de son rayonnement de bienvenue.

(1) Bibliothèque de Neuchâtel. Fonds Rousseau.
(2) Voir notre Appendice III.

Nous pensons qu'il n'en fut rien, que Mme de Luxembourg n'attacha aucune importance aux maladresses, en réalité bien minimes, dont il se charge, et qu'elle continua, sans se lasser jamais, et jusqu'à la fin, à lui témoigner son attachement, son amitié, son affection. Nous en avons la preuve dans les lettres qu'elle lui adressa, et par surcroît dans celles qu'il reçut du Maréchal. Cette correspondance, y compris ses lettres à lui, mérite d'être parcourue et examinée avec soin : c'est là vraiment que nous saisissons les affinités, les liens de sympathie, les relations intimes de nos personnages.

Mme de Luxembourg prouva d'une façon particulière sa sympathie à Rousseau, en voulant le faire entrer à l'Académie française. Elle se chargeait de toutes les démarches, elle ne lui demandait que son consentement. Le philosophe n'accepta pas cette flatteuse proposition.

Il avait parlé à la Maréchale de Mme Latour-Franqueville, cette femme captivée par la *Nouvelle Héloïse*, qui s'attacha à l'auteur, lui écrivit sans se lasser, finit par conquérir un peu son amitié et lui resta dévouée jusqu'à sa mort. Mme de Luxembourg désira la connaître et lui fit faire des avances, mais cette amie mystérieuse ne les accepta pas.

Chapitre V

CORRESPONDANCE DE LA MARÉCHALE ET DU MARÉCHAL DE LUXEMBOURG AVEC JEAN-JACQUES ROUSSEAU

Rousseau au Petit-Château, à Montmorency. — Copie de la Nouvelle Héloïse pour la Maréchale de Luxembourg. — Sa publication. — Affaire de l'abbé Morellet. — A propos de Turc, le chien de Rousseau. — Les enfants du philosophe. — Publication de l'Émile. — L'exil de Jean-Jacques. — Meurtrissure d'une grande amitié. — Les lettres des amis séparés. — Les fatalités de l'absence. — Mort du maréchal de Luxembourg. — Rousseau errant, après Môtiers-Travers et l'Ile Saint-Pierre. — Les dernières lettres du philosophe et de son amie. — Se sont-ils revus depuis Montmorency ? — Le malheur des affections humaines.

Les relations, pleines d'amitié, du philosophe avec les Luxembourg donnèrent lieu, dès le début, c'est-à-dire depuis le printemps de 1759, à une correspondance active. Il était sédentaire à Montmorency, l'illustre famille y venait seulement, comme nous l'avons dit, à l'époque de Pâques et au mois de juillet. De là, pendant les intervalles, un échange de lettres nombreuses, qui dura jusqu'au 9 juin 1762, date à laquelle Jean-Jacques dut quitter la France, après la publication de l'*Emile*.

Dans le fonds Rousseau, que possède la Bibliothèque de Neufchâtel, et qui lui vient d'un don de Dupeyrou du 22 juillet 1791, nous trouvons trente-huit lettres de la Maréchale, et quarante-six lettres du maréchal; trois lettres de la duchesse de Montmorency, belle-fille de M. de Luxembourg; enfin dix-huit lettres de La Roche, homme de confiance de Mme de Luxembourg. Les lettres de Rousseau, d'autre part, sont au nombre d'une soixantaine : nous avons de plus le récit des *Confessions*.

Bien que, de part et d'autre, des lettres assez nombreuses soient perdues, on peut constater, d'après ces chiffres, que les éléments documentaires ne manquent pas pour pénétrer dans ces relations d'un grand écrivain et d'une famille de grands seigneurs, pour les étudier, en saisir les nuances, admirer leurs qualités de cœur et d'esprit; comprendre enfin combien se sont attirés et aimés ces personnages d'origine si différente, et quelle place importante tenaient dans leur vie les liens d'estime qui les unissaient.

Avant de quitter Môtiers–Travers, en septembre 1765, pour aller séjourner à l'Ile Saint-Pierre, Rousseau remit tous ses papiers à Dupeyrou, son ami sûr, qui habitait Neuchâtel : « Je le fis, dit-il dans les *Confessions* (Livre XII), dépositaire généralement de tous mes papiers, avec la condition expresse de n'en faire usage qu'après ma mort, ayant à cœur d'achever tranquilement ma carrière, sans plus faire souvenir le public de moi. »

Dupeyrou conserva fidèlement ces papiers; il comprenait l'importance de ce dépôt et s'en préoccupait. Quand Rousseau fut mort — 2 juillet 1778 — craignant qu'ils ne fussent dispersés ou détruits, après sa mort à lui, il voulut en disposer de son vivant, et en fit don à la Bibliothèque de Neuchâtel (où ils sont encore), par un acte authentique dans son testament, dont voici la teneur : la pièce est fort rare :

Instructions et directions pour M. le notaire Guillaume Jeannin :

J'entends que tous les papiers manuscrits de Jean-Jacques Rousseau, cahiers, lettres par lui écrites, ou celles à lui adressées, qu'il avait déjà transcrites et rassemblées, comme pièces justificatives, soient recueillis et rassemblés en paquets étiquetés et cachetés, pour être déposés dans une bibliothèque publique bien assurée. Les lettres à moi adressées seront également déposées, après leur copie tirée et imprimée, mais resteront dans le dépôt sans pouvoir être réclamées.

Ainsi fait et passé à Neuchâtel, ce vendredi, 22 juillet 1791; en foi de quoi j'ai écrit et signé la présente de ma main.

Signé : Pierre-Alexandre Du PEYROU.

Le greffier de la Cour de Justice de Neuchâtel, dans sa déclaration, certifie ce qui suit : « Conformément à ces dispositions, les manuscrits des lettres sont déposés à la Bibliothèque de Neuchâtel. »

Dupeyrou mourut à Neuchâtel le 13 novembre 1794.

C'est dans ce vaste dépôt de papiers que se trouve la correspondance de la famille de Luxembourg. Toutes les citations que nous en ferons ont donc pour source authentique le Fonds Rousseau de la Bibliothèque de Neuchâtel, sauf indications contraires, source déjà explorée et mise en lumière par M. Streckeisen-Moultou, dans son ouvrage : *J.-J. Rousseau, ses amis et ses ennemis*, paru à la librairie Michel-Lévy, en 1865.

Dans l'examen de cette correspondance, nous suivrons l'ordre chronologique, et nous grouperons, autant que possible, les épîtres relatives à un même sujet : celles de la Maréchale, c'est bien évident, doivent tenir une place prépondérante, car c'est elle, avant tout, que nous avons intérêt à connaître, et qui mieux qu'elle-même en ses lettres peut nous la révéler ?

Rousseau au Petit-Chateau. — Le logis de Montlouis eut besoin de réparations. Les Luxembourg offrirent au philosophe, pendant qu'on y travaillerait, un logement dans le Petit-Château, dont Dezallier d'Argenville nous a donné une description. Dans les *Confessions*, il est décrit de même :

« Cet édifice et le terrain qui l'entoure appartenaient jadis au célèbre Le Brun, qui se plut à le bâtir et le décorer avec ce goût exquis d'ornements et d'architecture dont ce grand peintre s'était nourri… Il est petit, simple, mais élégant… Ce fut dans cet édifice solitaire qu'on me donna le choix d'un des quatre appartements complets qu'il contient... Je pris le plus petit et le plus simple... Il était d'une propreté charmante, l'ameublement en était blanc et bleu. C'est dans cette profonde et délicieuse solitude qu'au milieu des bois et des eaux, aux concerts des oiseaux de toute espèce, au parfum de la fleur d'orange, je composai dans une continuelle extase le cinquième livre de l'*Emile*, dont je dus en grande partie le coloris assez frais à la vive impression du local où je l'écrivais. »

Jean-Jacques avait hésité, avant d'accepter ce logement, comme le prouve une lettre touchante qu'il adressa, le 30 avril 1759, à M. de Luxembourg, à qui il exprimait ses scrupules. Le maréchal le rassura en lui répondant en ces termes :

Villeroy, 1ᵉʳ *mai* 1759.

Je serai toujours enchanté, Monsieur, que le hasard ou la beauté de la situation de Montmorency vous ait engagé à vous y retirer, parce que cela me procurera le plaisir de faire connaissance avec quelqu'un dont l'esprit, et encore plus les vertus, avaient gagné toute mon estime.

Je désire de tout mon cœur qu'une connaissance plus intime puisse me mériter votre amitié, et j'en serai plus glorieux que de tous les rangs dont vous me parlez dans votre lettre. Le désir d'être plus près de vous, et la crainte de vous voir périr sous les ruines de votre logement, nous ont engagés, Mᵐᵉ de Luxembourg et moi, à vous proposer de prendre un logement au Petit-Château.

Quand vous nous connaîtrez davantage, vous ne douterez pas de la sincérité du désir que nous en avons. Venez-y donc, Monsieur, et le plus promptement sera le mieux. Soyez certain que par là vous ne prenez aucun engagement avec moi, que celui de m'accorder votre amitié, si vous m'en croyez digne, quand vous me connaîtrez. Pour moi, Monsieur, je prends avec vous celui de vous honorer autant que vos sentiments et vos vertus le méritent.

En recevant cette aimable missive, la première, je pense, de M. de Luxembourg, Rousseau dut éprouver un grand plaisir, et comprendre qu'il entrait dans un monde tout différent de celui de la Chevrette et de la « coterie holbachique ». Il y a là déjà le ton de l'amitié sincère, les attentions dues à un écrivain qu'on apprécie, le désir de gagner son attachement, non seulement par un service de logement, mais par l'estime et les égards qu'on veut lui témoigner.

Quel soulagement pour le philosophe de ne plus recevoir des lettres aigres de la vacillante Mme d'Epinay, de Grimm, son odieux amant, de Diderot, l'indiscret touche-à-tout, le gâte-plaisir, le sans-tact insupportable ! Quelle délivrance d'être débarrassé du contact de ces faux amis, au sourire équivoque, à l'œil mauvais, de ne plus respirer dans ce foyer, dans ce guépier de basses intrigues !

Il a trouvé enfin la véritable noblesse, celle du cœur, et l'éducation délicate dans les Luxembourg. Quel bonheur pour lui d'être délivré de toute une bande de médiocres, Diderot excepté !

Il n'hésita plus et s'installa au Petit-Château, le 15 mai, avec Thérèse, son chien et sa chatte favorite, surnommée la *Doyenne*. Le jour même, il écrivit à la Maréchale pour la remercier, ce fut le début de leur correspondance.

> « *Au Petit-Château de Montmorency,*
> *le 15 mai 1759.*

> « MADAME,

« Toute ma lettre est déjà dans sa date. Que cette date m'honore ! Que je l'écris de bon cœur ! Je ne vous loue point, Madame, je ne vous remercie point; mais j'habite votre maison. Chacun a son langage, j'ai tout dit dans le mien.

« Daignez, Madame la Maréchale, agréer mon profond respect. »

La Maréchale lui répondit :

> « *Paris, mai* 1759.

« Les remercîments, Monsieur, ne sont pas faits pour vous; c'est de M. de Luxembourg et de moi que vous devez en recevoir. Cependant notre reconnaissance serait plus grande si vous aviez bien voulu accepter un autre logement. J'ai peur que vous ne soyez pas trop bien dans celui que vous avez choisi.

« J'ai beaucoup d'impatience de retourner à Montmorency, mais ne craignez pas les importunités, je sais votre façon de penser.

« Soyez persuadé, Monsieur, que j'ai pour vous tous les sentiments de la plus grande estime, et que je désire infiniment dans la suite mériter une petite part dans votre amitié. »

Ces premières lettres nous permettent de juger à la base la haute estime que les Luxembourg professaient pour l'auteur d'*Héloïse*, quels ménagements ils prenaient pour ne point froisser son caractère ombrageux, avide de solitude, indépendant surtout, qu'ils avaient deviné dès les premiers jours, et que d'ailleurs il ne leur déguisait pas.

Il redoutait d'être pris par eux pour une célébrité qu'on protège, dont on tire vanité, et qu'on présente avec plaisir à son entourage. Il craignait aussi de voir son temps gaspillé en distractions futiles, en bavardages vides, en amusements vains. Il travaillait alors à l'*Emile*, et il n'entendait pas se prêter aux passe-temps que nécessitait et nécessitera toujours la vie de château. La Chevrette de Mme d'Epinay, sous ce rapport, ne lui avait pas laissé de bons souvenirs; vraiment, il n'était pas là à sa place.

Aussi, c'est dans cet état d'esprit que, le 27 mai, il écrivit au maréchal une lettre où il expose comment il conçoit les relations qui peuvent exister entre l'illustre famille et lui. Il propose à M. de Luxembourg de former, entre eux deux exclusivement, un commerce, une société d'estime et d'amitié. « Mais, pour cela, Monsieur, dit-il, il faut rester tel que vous êtes, et me laisser tel que je suis. Ne veuillez pas être mon patron; je vous promets, moi, de ne point être votre panégyriste. »

Il exprime ensuite le désir de ne voir au château que le maréchal et Mme de Luxembourg. « Je ne veux ni complaire aux curieux, ni voir, pas même un moment, d'autres hommes que ceux qui me conviennent... Faites que je puisse vous voir seul, et trouvez bon que je ne vous voie que de cette manière. »

Le 3 juin, il écrit à la Maréchale qui avait été souffrante à Paris, la félicite sur sa santé rétablie, et délicatement l'engage à revenir bientôt à Montmorency. « L'air de votre parc est si bon pour les malades, qu'il ne doit pas l'être moins pour les convalescens. »

Le maréchal acquiesce à tout ce qu'il désire. Il répond de Paris, le 4 juin : « Je désire avec empressement d'être au mois de juillet pour être témoin de la tranquillité et de la solitude qui vous y accompagnent. Je vous promets qu'elles ne seront point interrompues pendant mon séjour à Montmorency; vous n'y verrez que Mme de Luxembourg et moi, et cela quand vous le voudrez. A l'égard de la compagnie qui pourra y venir, vous ne verrez que ceux que vous voudrez voir et ne serez importuné de personne. J'accepte avec grand plaisir la proposition que vous me faites de la société que nous pourrions lier ensemble. Quand vous me connaîtrez, vous verrez que je ne mérite ni ne peux souffrir les louanges. Ainsi, Monsieur, tenons-nous en à l'amitié. Si je puis obtenir la vôtre, j'en serai plus flatté

que de tous les termes et de toutes les expressions
dont vous pourriez vous servir avec moi. »

La Maréchale ne fut pas moins explicite; son mari
lui avait soumis la lettre de Rousseau du 27 mai,
où il avait très nettement fait connaître son plan
de vie. Elle répond :

Paris, juin 1759.

« J'ai beaucoup plus d'empressement d'aller à Montmorency, cette année. Ne vous en alarmez pas, Monsieur, et soyez persuadé que nous ne voulons pas du tout
attenter à votre liberté. Nous désirerons dans le silence
vous voir souvent, et vous ne vous en apercevrez
pas. Recevez néanmoins mes remerciements.

« Je me porte bien à présent, et je vous annonce
que je compte comme un très grand bonheur pour
moi l'intérêt que vous voulez bien prendre à ma
santé. »

La famille de Luxembourg vint à Montmorency,
comme de coutume en juillet. Ce fut pour elle et
pour Jean-Jacques une suite de beaux jours comme
on en connaît rarement dans la vie, de ces jours
remplis par le plaisir de se voir, d'avoir de longues
causeries, d'agréables promenades au sein d'une
nature indulgente et parée, de s'asseoir à la même
table. L'aménité des paroles, les regards, le sourire,
un empressement amical révèlent la sympathie

qu'on éprouve, l'intérêt qu'on se veut témoigner, la joie enfin de se connaître dans une atmosphère d'élégance et de bien-être, comme aussi dans un bel essor vers les choses de l'esprit.

Rousseau a bien exprimé cette joie. « Au voyage de juillet, dit-il, M. et Mme de Luxembourg me marquèrent tant d'attentions, et me firent tant de caresses que, logé chez eux et comblé de leurs bontés, je ne pus moins faire que d'y répondre en les voyant assidûment. Je ne les quittais presque point : j'allais le matin faire ma cour à Mme la Maréchale, j'y dînais [le matin] (1); j'allais l'après-midi me promener avec M. le Maréchal; mais je n'y soupais pas, à cause du grand monde, et qu'on y soupait trop tard pour moi (2). »

Ce fut pendant ce séjour qu'il lut la *Nouvelle Héloïse* à la Maréchale qui fut prise d'un vif engouement pour Julie et Saint-Preux, comme nous l'avons raconté. Elle apprit que l'auteur en faisait une copie pour la comtesse d'Houdetot : elle exprima le désir d'en avoir une de même. Rousseau promit de se mettre à l'œuvre. Nous reviendrons plus loin sur cette copie et sur la publication de l'ouvrage.

Les réparations du logis de Montlouis étaient terminées, le philosophe revint s'y installer avec Thérèse, au commencement d'août. Il conservait

_____

(1) Au xviiie siècle, le dîner correspondait à notre déjeuner d'aujourd'hui, et le souper à notre dîner.

(2) *Les Confessions*, Livre X.

le Petit-Château à sa disposition : il y avait séjourné trois mois environ. Il retourna de temps en temps y passer « deux ou trois jours ».

Nous avons deux lettres de lui, datées d'août, l'une au Maréchal, l'autre à Mme de Luxembourg. Dans la première, il adresse des félicitations au sujet de la charge de capitaine des Gardes accordée en survivance au duc de Montmorency, fils du maréchal. Dans la seconde, il se plaint que trop de cadeaux soient faits à Thérèse.

Le 16 août, le Maréchal répond de Paris à une lettre que nous n'avons pas, et qui sans doute est perdue. « Pouvez-vous douter, Monsieur, que je songe à vous, quoique à la cour ? Vous me feriez assurément injustice. Je puis vous assurer que je regrette le temps que j'ai passé avec vous, à tous les instants. Que ne puis-je habiter toujours Montmorency, tant que vous y êtes ! Je ne désirerais rien ; je vous aime et je compte sur votre amitié. Mais je vous verrai ici [à Paris], vous me l'avez dit, et quelque désir que j'en eusse, je n'aurais jamais osé vous le proposer. L'amitié ne doit jamais exiger de complaisance.

« J'apprends dans le moment l'accident arrivé au pauvre Turc [le chien de Rousseau] ; n'en mourra-t-il point ? Rien de ce qui a rapport à vous ne peut m'être indifférent : ce sont là les sentiments que vous m'avez inspirés, et dont rien ne pourra jamais me faire départir.

« Mille choses, je vous prie, à Mlle Levasseur. Comment se trouve-t-elle dans votre habitation

[Montlouis]? J'aurais bien désiré que vous eussiez préféré le Petit-Château. »

Il semble assez clairement résulter de cette dernière phrase que les Luxembourg avaient offert à Rousseau le Petit-Château comme demeure définitive.

Au sujet des cadeaux faits à Thérèse, la Maréchale répondit ainsi :

« *Paris, septembre* 1759.

« Est-il possible que vous ne soyez injuste que pour moi ! Ne m'avez-vous pas permis de donner à Mlle Levasseur une robe de toile peinte ? Et n'avez-vous pas dit expressément que vous vouliez qu'elle fut bien laide ? Et cela s'est passé comme vous l'aviez ordonné. Vous me grondez, et vous m'écrivez, Monsieur, la lettre la plus affligeante : vous me menacez de ne me point aimer.

« En vérité, si je vous querellais, je ne ferais que me laisser aller à tout ce que je pense ; mais j'aime bien mieux oublier votre lettre pour ne songer qu'à vous et au plaisir infini que j'aurai si vous venez ici [à Paris]. Eh bien, Monsieur, malgré vos menaces, je vous aime de tout mon cœur, et je vous assure que je ne changerai jamais. »

Rousseau, qui avait pris Paris en aversion, y retourna pour répondre au désir manifesté dans ces lettres si amicales. Il soupait à l'hôtel de Luxembourg, rue Saint-Marc, et repartait le lendemain.

COPIE DE LA « NOUVELLE HÉLOÏSE ». — SA PUBLI-
CATION. — L'écrivain avait promis à la Maréchale
une copie de son *Héloïse*. Le 29 octobre 1759, il
lui écrit à ce sujet : « Vos copies ne sont point encore
commencées, mais elles vont l'être. En toutes choses.
il faut suivre l'ordre et la justice. Quelqu'un, vous le
savez [Madame d'Houdetot], est en date avant vous;
ce quelqu'un me presse, et il faut bien tenir ma
parole, puisque vous ne voulez pas que je dise les
raisons que j'aurais de la retirer. Je vais finir la
cinquième partie, et, avant de commencer la sixième,
je ferai en sorte de vous envoyer la première.

« Mais, Mme la Maréchale, quoique vous soyez
sûrement une bonne pratique, je me fais quelque
peine de vous prendre de votre argent : régulièrement ce serait à moi de payer le plaisir que j'aurai
de travailler pour vous. »

Mme de Luxembourg avait hâte de recevoir
cette *Julie* copiée par l'auteur. Elle lui répondit
ausssitôt :

> « *Versailles, novembre 1759.*
> « *Ce mardi.*

« Je suis ravie, je suis contente; votre lettre m'a
fait un plaisir infini, et je me presse pour vous le
mander et pour vous en remercier. Voici les propres
mots de votre lettre : « Quoique vous soyez assuré-

ment une bonne pratique, je me fais quelque
peine de prendre de votre argent. Régulièrement.
ce serait à moi de payer le plaisir que j'aurais de
« travailler pour vous. » Je ne vous en dis pas plus.

« Je me plains de ce que vous ne me parlez jamais
de votre santé; rien ne m'intéresse davantage. Je
vous aime de tout mon cœur. Oui, Monsieur, et c'est.
je vous assure, bien tristement que je vous le mande,
car j'aurais bien du plaisir à vous le dire moi-même.
M. de Luxembourg vous embrasse et vous aime de
tout son cœur. »

Rousseau s'imagina — bien à tort — que
Mme de Luxembourg avait pu être froissée par le passage reproduit de sa lettre du 29 octobre. L'inquiétude le prit, et pour s'excuser de toute intention
désobligeante, il lui adressa trois lettres dont la première est perdue, la seconde est du 15 novembre et
la troisième du 8 décembre 1759.

Dans celle du 15 novembre, il dit : « Craignant
d'avoir commis quelque faute par ignorance, si vous
étiez une moins grande dame, j'irais me jeter à vos
pieds, et je n'épargnerais ni soumissions ni prières
pour effacer vos mécontentements, bien ou mal
fondés. » Dans la lettre du 8 décembre, reproduite
dans les *Confessions*, il demande encore une explication.

Ce trouble est bien celui du solitaire sentimental
qui, absorbé par de profondes combinaisons d'idées,
par un immense travail comme l'*Emile*, ne se rend

plus compte des usages de la société et, sur le moindre indice, s'imagine que, sans y penser, il a commis des balourdises et offensé ses meilleurs amis. L'inquiétude du philosophe au sujet d'une copie de la *Julie* lui valut deux belles réponses de Mme de Luxembourg.

A la lettre tourmentée du 15 novembre, elle répond :

« *Versailles, novembre* 1759.

« Ce n'est point à vous à vous mettre à mes pieds, c'est à moi à me jeter aux vôtres. Est-il possible d'avoir tort avec vous ? On ne doit jamais se le pardonner. C'est à votre clémence et à votre amitié que je demande ce pardon, si vous m'en croyez encore digne. Cependant je pourrais dire quelque chose pour ma justification, mais ce ne serait que des lieux communs et qui ne sont pas faits pour être lus par vous, comme par exemple : « Que je n'étais pas ici. » — « Que je n'ai pas reçu votre lettre d'abord », et mille autres bêtises comme cela.

« Oui, Monsieur, je parle de vous avec M. de Luxembourg, et c'est, je vous assure, l'entretien le plus agréable que nous puissions avoir, surtout dans un aussi vilain pays que celui-ci, où l'on ne trouve personne dont on puisse dire les mêmes choses que nous disons de vous, et je vous assure que M. de Luxembourg vous aime bien tendrement.

« Je n'ose vous rien dire sur ce que vous me mandez du livre que vous m'avez promis [copie de la *Julie*], et des conventions que nous avons faites ensemble. Ce n'est pas à moi de gronder dans ce moment-ci; mais cependant, mais cependant... vous m'entendez, et je n'ose en dire davantage jusqu'à ce que j'aie reçu mon pardon en bonne forme, ce que je vous demande avec la plus grande insistance. Je n'ose me plaindre que vous ayez pu soupçonner mon cœur, il est pourtant bien tendrement à vous, et il y sera toute ma vie.

« Je serai dans la tristesse tant que je n'aurai point de certitude que vous n'êtes plus fâché contre moi. Ainsi, Monsieur, je vous demande à deux genoux un petit mot pour ma tranquillité, et je vous supplie d'être persuadé que mes sentiments pour vous sont de nature à ne jamais finir. »

Si Rousseau était inquiet au sujet d'une phrase écrite dans une lettre, la Maréchale ne l'était pas moins, en songeant que peut-être elle avait, sans le vouloir, jeté une ombre sur sa sensibilité. Il y a là une touchante alerte d'affection, qui prouve combien deux êtres peuvent tenir l'un à l'autre.

Mᵐᵉ de Luxembourg semble la plus alarmée. La crainte d'offenser le philosophe, de l'éloigner, de le perdre peut-être, la tourmente et lui dicte cette lettre que nous venons de citer, lettre qui n'est pas écrite dans le ton habituel, si insignifiant parfois, de la politesse de société et des excuses mondaines, mais est inspirée par un sentiment de fond, par un attrait d'âme fortement senti.

Je me demande si, dans sa carrière sentimentale
déjà longue — elle avait 52 ans — la Maréchale avait
jamais écrit une lettre d'un pareil accent, je ne dis
pas une lettre d'amour, mais une lettre de sympathie,
de dévouement solide, comme on en écrit à ses proches,
à des amis éprouvés, à des cœurs d'élite. Au point de
la vie où elle était parvenue, cette femme si bien
douée sentait sûrement la vanité de ce qu'on appelle
le monde, et elle éprouvait le besoin de s'appuyer
sur des affections moins fragiles, en donnant la
sienne. L'auteur d'*Héloïse* n'était-il point l'esprit
supérieur qui pouvait lui donner cet intime et délicat
plaisir ?

La lettre un peu vive de Rousseau du 8 décembre,
se rapportant toujours à la question d'une rétribu-
tion d'argent pour la copie de la *Julie*, se terminait
par ces mots : « Je vous avoue, Madame la Maréchale,
que je ne sais plus si c'est moi qui vous dois des
excuses, ou si ce n'est point vous qui m'en devez. »
Mme de Luxembourg fit cette réponse :

« *Versailles, décembre* 1759.

« Vous m'effrayez avec le sérieux de votre lettre.
La mienne n'était qu'une plaisanterie, et qui roulait
sur ce que vous dites que vous ne voulez pas prendre
mon argent, à l'occasion des cahiers [copie de la
Julie], que vous m'avez promis et sur lesquels je

compte, comme on doit compter sur tout ce que vous dites.

« Je meurs d'envie de vous voir. Il n'y a plus qu'un mois jusqu'à la fin du quartier de M. de Luxembourg [à la cour de Versailles]. Si vous ne venez pas nous voir, nous irons vous trouver. Je souhaite, Monsieur, que votre santé soit bonne, personne ne vous aimant plus tendrement que moi. »

Le nuage fut vite dissipé, après ces amabilités : Rousseau se remit à la copie désirée et poussa le travail. Cependant Mme de Luxembourg lui fit dire qu'elle se croyait oubliée. Le 15 janvier 1760, il lui écrit : « Je vous oublie donc, Madame la Maréchale ?... Taxez-moi de lenteur, mais non pas de négligence. Vous savez que je fais pour Mme d'Houdetot une copie pareille à la vôtre. Elle avait grande envie d'avoir cette copie, et moi grande envie de lui faire plaisir. Cependant il y a trois ans que cette copie est commencée, et elle n'est pas finie : il n'y a pas encore deux mois que la vôtre est commencée, et vous aurez la première partie dans huit jours. En continuant de la même manière, vous aurez le tout en moins d'un an. Comparez et concluez. Quand j'aurai eu le temps de vous expliquer comment je travaille, et comment je puis travailler, vous jugerez vous-même s'il dépend de moi d'aller plus vite. »

La Maréchale prit sa bonne plume d'amie et répondit :

« *Paris, janvier* 1760.

« Si je ne vous écris pas souvent, c'est que mes lettres sont faites pour vous ennuyer. Je ne pourrais vous parler que des sentiments de mon cœur, vous les connaissez, et vous lui faites dire bien mieux que moi ce que je pourrais vous mander. Mon cœur n'a point d'esprit, il n'est pas fait pour cela ; mais il en faudrait dans les lettres qu'on vous écrit. Je ne vous ai pas fait de réponse d'abord à votre première lettre [inconnue], je n'étais pas ici...

« Je vous rends mille et mille grâces de votre diligence [pour la copie de la *Julie*], mais j'ai peur que cela ne vous fatigue. C'est pour moi le plus grand plaisir.

« Je trouve les gens qui vous porteront ma lettre bien heureux. Adieu, Monsieur, personne au monde ne vous aime plus tendrement que moi. »

Jean-Jacques avait dû envoyer la première partie copiée de la *Julie*, à la fin de février. Quelle joie pour Mme de Luxembourg ! Jugeons-en par cette missive :

« *Paris, mars* 1760.

« Je n'étais point ici quand vous m'avez écrit la première lettre [inconnue], j'étais à Villeroy et j'ai reçu en arrivant la seconde [inconnue], accompagnée de la plus charmante chose du monde. Je devrais être honteuse de toute la peine que cela vous a donnée. Je ne puis vous exprimer, Monsieur, tout le plaisir que cela me fait. Je le lis avec délices; mais je trouve que je lis trop vite. Il n'y a point d'illusion, je le trouve encore plus beau que la première fois que je l'ai entendu (1). Non, jamais il n'y aura rien de si bien écrit, de si touchant.

« Je meurs d'envie de vous voir, je suis à la mort d'une absence si longue. Comment peut-on aimer les gens qu'on voit si peu ou, pour mieux dire, comment peut-on voir si peu les gens qu'on aime ? Car certainement je vous aime de tout mon cœur.

« Vous avez été malade : ces temps sont bien malsains quand on est délicat. Avez-vous senti le tremblement de terre ? Pour moi, je n'y crois pas beaucoup. Adieu, Monsieur, personne ne vous honore, ne vous estime et ne vous aime plus que moi. »

Le 5 mars 1760, l'écrivain fait parvenir à la Maréchale la seconde partie de la *Julie*, avec une lettre qu'il convient de reproduire en entier, et qui prouve combien, lui aussi, était attaché à cette aimable femme qui déjà était une amie dévouée, et combien, par surcroît, il savait faire sa cour, quand il le voulait.

« *Montmorency, 5 mars* 1760.

« Je vous sers lentement et mal, Madame la Maréchale : il ne faut pas me le reprocher, il faut m'en

_____
(1) Allusion à la lecture de la *Julie* par Rousseau.

plaindre. Je n'aurai jamais de tort envers vous qui ne soit un tourment pour moi : c'est vous dire assez que mon tort est involontaire. Si je ne suis pas plus diligent à l'avenir, croyez que je n'aurai pas pu l'être. En vérité, je suis la dupe de l'état que j'ai choisi. J'ai tout sacrifié à l'indépendance et j'ai tous les tracas de la fortune : je supporterais patiemment tout le reste, mais je murmure contre les occupations désagréables qui m'arrachent au plaisir de travailler pour vous.

« Je viens de recevoir, par un exprès que vous avez eu la bonté de m'envoyer, une lettre de mon libraire de Hollande, sans que je sache comment elle vous est parvenue. Je suppose que c'est par M. de Malesherbes; mais j'aurais besoin d'en être sûr.

« Vous savez que je ne vous remercie plus de rien, ni vous, Madame, ni M. le Maréchal. Vous méritez l'un et l'autre que je ne vous dise rien de plus, et que je vous laisse interpréter ce silence.

« Les beaux jours approchent, mais ils viennent bien lentement. J'ai beau compter, ils n'en viennent pas plus vite; ils ne seront venus que quand vous serez ici. Je suis forcé de finir : j'ai vingt lettres indispensables à écrire, dont pas une ne m'intéresse; et ce qui vous fera juger de mon sort mieux que tout ce que je pourrais dire, je n'en puis faire de courte que celle-ci. »

Quelle délicatesse dans ce dernier alinéa ! *Les beaux jours ne seront revenus que quand vous serez ici!* N'est-ce pas charmant ? Rousseau n'avait pas fréquenté en vain chez Mme Dupin, à Paris et à Chenonceaux. Ce compliment dut aller au cœur de la Maréchale. Aussi, quelle réponse !

« *Mars* 1760.

« Je reçois, Monsieur, avec bien de la reconnaissance, la seconde partie [de la *Julie*] que vous m'envoyez. Je relis la première avant de commencer l'autre, pour faire durer le plaisir plus longtemps. J'ai un grand désir d'aller à Montmorency. En vérité, il est bien cruel de ne vous pas voir. Est-il possible qu'on soit assez malheureux pour aimer tendrement quelqu'un qu'on ne voit jamais ? Combien croyez-vous qu'il y a que nous ne nous sommes vus ? Vous n'y pensez pas, j'en suis sûre.

« La lettre que vous avez eue de votre libraire est venue par M. de Malesherbes, qui en a chargé M. de Luxembourg pour qu'elle vous fut remise plus promptement...

« Adieu, Monsieur, je vous aime et vous aimerai toute ma vie. »

On peut considérer ces premières lettres comme la prise de possession l'une par l'autre de deux âmes qui, en dehors de toute impulsion des sens, se comprennent, s'estiment, s'aiment, et ressentent un bonheur intime à se témoigner des sentiments qui éclairent leur âme d'une douce lumière.

L'impression de ce bonheur avait été si forte dans l'âme du philosophe qu'en écrivant sa quatrième lettre à M. de Malesherbes, le 28 janvier 1762, il s'en montre tout pénétré encore et écrit : « Il faudrait, Monsieur, que vous connussiez l'état de délaissement et d'abandon de tous mes amis où je me trouvais, et la profonde douleur dont mon âme en était affectée, lorsque M. et Mme de Luxembourg désirèrent de me connaître, pour juger de l'impression que firent sur mon cœur affligé leurs avances et leurs caresses. J'étais mourant; sans eux je serais infailliblement mort de tristesse, ils m'ont rendu la vie, il est bien juste que je l'emploie à les aimer. »

Et plus loin : « J'ai été comme entraîné au château de Montmorency, j'en ai vu les maîtres, ils m'ont aimé, et moi, Monsieur, je les ai aimés et les aimerai tant que je vivrai, de toutes les forces de mon âme. »

Si Rousseau n'avait pas été un réformateur, si, en ces années-là, il n'avait pas aimé la gloire; si le polémiste éloquent et redoutable qui était en lui n'avait éprouvé le besoin de jeter à la face de son siècle des vérités utiles, des principes nouveaux de vie sociale, il eut pu s'abriter à l'ombre du château de Montmorency, et, dans la compagnie des Luxembourg, connaître des jours fortunés, une existence paisible, célébrer la nature qu'il aimait tant, et s'avancer vers l'âge mûr et la vieillesse avec la sérénité souriante du sage.

Dans la quatrième Lettre à M. de Malesherbes, citée plus haut, il raconte qu'il fut fortement tenté

par le rêve de cette vie paisible, s'écoulant près
de l'illustre famille qui en avait le désir et sut le
manifester discrètement.

D'autre part, nous trouvons l'expression du bonheur qu'il éprouva au Petit-Château et près des
Luxembourg, dans une conversation qu'il eut à
Môtiers-Travers, en janvier 1764, avec Henri Meister
qui lui rendait visite. Celui-ci nota les paroles de
Rousseau qui, évoquant le passé, lui disait à propos
du domaine de Montmorency :

« Quelque remplie que fût cette solitude de toutes
les merveilles de l'art, elle était pourtant encore la
solitude. J'y voyais les points de vue les plus riants ;
j'y étais enchanté par le murmure des plus superbes
cascades ; j'y respirais, tous les soirs et tous les matins,
l'odeur suave des orangers en fleur ; c'est dans cette
retraite que je crois avoir eu les idées et les imagina-
tions les plus riantes que j'aie eues en ma vie. Aussi,
je me flatte de les avoir répandues dans le dernier
tome d'*Emile* (1). »

Il devait plus tard, en rédigeant les *Confessions*,
exprimer ce bonheur de Montmorency dans des
termes analogues.

Mais pouvait-i contrarier son génie, refuser d'obéir
au démon intérieur qui le poussait à se lancer dans
la bataille des idées, à faire entendre, sous la magie
de son style, une voix de tribun du peuple et de pro-

(1) *Bibliothèque Universelle de Genève*, janvier 1836.

phète ? Il recherchait la paix, la solitude, le silence
des bois, et sa plume inflammatoire allumait le
mépris des préjugés, l'indignation contre l'arbitraire
des gouvernements et les privilèges des grands, la
révolte contre l'armature des lois surannées. Nous le
verrons bientôt subir les conséquences fatales de sa
mission intellectuelle, le sort de malheur réservé aux
défenseurs passionnés d'un rêve de justice. L'illustre
famille lui restera fidèle.

M. de Luxembourg ne fut pas sans lui parler de la
Nouvelle Héloïse, envoyée en copie. Rousseau
lui avait écrit une lettre pleine d'affection, le
2 février 1760. Il y avait entre les deux hommes des
affinités puissantes. L'écrivain, certes, aimait la
Maréchale, mais il éprouva toujours dans ses relations avec elle une certaine retenue, elle lui en imposait, bien qu'elle eut avec lui le langage si cher de
la noble amitié. Avec le maréchal, c'était tout différent, il se livrait tout entier, à cœur ouvert, en lui il
ne voyait qu'un ami, un ami sûr; le grand seigneur
faisait de même.

Qu'on en juge, d'abord par cette lettre de Jean-
Jacques :

» *Montmorency, le 2 février* 1760.

« Comptez-vous les mois, Monsieur le Maréchal ?
Pour moi, je compte les jours, et i me semble que je
trouve cet hiver plus long que les autres. J'attends
avec impatience le voyage de Pâques pour célébrer

un anniversaire qui me sera toujours cher. J'ai donc oublié d'user du présent, puisque je désire l'avenir; et voilà de quoi vous êtes cause.

« La vie n'est plus égale quand le cœur a des besoins; alors le temps passe trop lentement ou trop vite; il n'a sa mesure fixe que pour le sage. Mais où est le sage ? Que je le plains ! il est égal parce qu'il est insensible; ses heures ont toutes la même longueur, parce qu'il ne jouit d'aucune. Je ne voudrais pas, pour tout au monde, un ami dont la montre irait toujours bien. Monsieur le Maréchal, vous avez fort dérangé la mienne; elle retarde tous les jours davantage, elle est prête à s'arrêter. Je voudrais aller la remonter près de vous, mais cela m'est impossible; mon état et la saison me condamnent à vous attendre. »

Le maréchal n'est pas long à répondre :

« *Paris, 9 février* 1760.

« Je n'ai reçu qu'au retour de Marly, dont je suis revenu avant-hier, votre lettre. Vous pouvez juger du plaisir qu'elle m'a fait; mais en même temps votre santé me donne de l'inquiétude, d'autant plus que l'on m'a dit qu'elle n'était pas bonne. J'aurais été déjà en savoir des nouvelles moi-même, mais j'ai une affaire ici qui m'en a empêché, et qui m'oblige d'aller à Versailles plus souvent que je ne voudrais, et sans pouvoir prévoir les jours.

« Je m'en suis dédommagé en lisant les cahiers [de la *Julie*] que vous avez envoyés à Mme de Luxembourg, mais cela a été bien court. Soyez persuadé, Monsieur, que je désire autant que vous le voyage de Pâques, et que, sans m'assujettir au maigre du carême, je le trouverai bien long. Mon cœur me dit que vous en êtes persuadé, et je compte trop sur le vôtre pour en douter. »

Cependant l'*Héloïse* ne paraissait pas. Rousseau s'impatientait, et concevait — bien à tort — des soupçons contre Rey, son éditeur d'Amsterdam, à qui était confiée la publication. La Maréchale, son mari, leurs amis, Mme d'Houdetot en avaient parlé, les copies en avaient été prêtées à Duclos, au roi de Pologne, toute la haute société attendait l'ouvrage.

Dans une lettre du 4 janvier 1761, M. de Luxembourg dit à l'auteur : « Je m'impatientais de la lenteur de votre libraire [Rey], et de ne point voir paraître *Julie*, mais je suis furieux contre lui si vos soupçons sont bien fondés, et si son avarice a fait prendre la route de la mer à cette pauvre *Julie*. J'ai cependant quelque espérance encore qu'elle n'est point en Angleterre; mais ce qui me console, c'est le parti que vous avez pris de ne lui point donner votre *Emile*, et de le confier à Mme de Luxembourg, comme elle vous l'avait demandé plusieurs fois.

« J'en reviens à *Julie* : depuis un mois, on ne cesse d'en parler et tout le monde s'impatiente de ne la point voir arriver. La veille que je suis parti de Versailles, une grande dame de la cour me dit qu'elle en avait lu quelques lettres et qu'elle en était enchantée; elle n'en a lu que la première partie, je ne sais qui la lui a prêtée. »

Dans les *Confessions*, Livre XI, Rousseau parle, lui aussi, de cette attente des lecteurs : « Tout Paris était dans l'impatience de voir ce roman : les libraires de la rue Saint-Jacques et celui du Palais-Royal étaient assiégés de gens qui en demandaient des nouvelles. Il parut enfin, et son succès, contre l'ordinaire, répondit à l'empressement avec lequel il avait été attendu. »

Ce fut, en effet, un événement d'une portée considérable : nous en avons expliqué les raisons. Le 16 février 1761, l'auteur écrit à la Maréchale : « La publication de la *Julie* m'a jeté dans un trouble que ne me donna jamais aucun de mes écrits. J'y prends un intérêt d'enfant qui me désole, et je reçois là-dessus des lettres si différentes que je ne saurais à quoi m'en tenir sur son succès, si M. le Maréchal n'avait eu la bonté de me rassurer. »

Mme de Luxembourg répond de Paris, février 1761 : « Votre *Julie* est le plus beau livre qu'il y ait au monde. Il n'y a qu'une âme comme la vôtre qui puisse l'avoir fait. Tout ce qui se peut imaginer de beau, de grand, de toutes les manières du monde, s'y trouve, et les gens qui l'aiment et qui sont en grand nombre, le relisent tout de suite. Il y a les plus beaux détails. Je ne suis pas de votre avis, j'aime mieux la grande préface que la petite; la grande dit les mêmes choses, mais comme c'est plus détaillé, cela révolte moins. On a livré les estampes comme elles devaient être; elles sont bien. Dans la dernière, j'aurais voulu que le voile eut été sur le visage de Julie. »

Le succès du roman empêchait Voltaire de dormir, à Ferney. Il était fort irrité contre Rousseau, depuis la *Lettre à d'Alembert;* il trouva l'occasion bonne de soulager un peu sa haine recuite, et rédigea aussitôt — février 1761 — quatre *Lettres sur la Nouvelle Héloïse,* lettres ignobles, dignes d'un décrotteur, qu'il fit paraître en brochure sous le nom du marquis de Ximénès, ancien amant de Mme Denis, sa nièce. La Maréchale en eut connaissance : il est sûr que la brochure lui avait été envoyée par les soins du vieil Arouet; elle en fait mention dans la lettre suivante adressée à Jean-Jacques :

« Paris, juin 1761.

« D'aujourd'hui en quinze jours, nous nous reverrons; j'en meurs d'impatience. M. Coindet vous voit à tout moment, je le trouve bien heureux. Il est occupé de vous, il vous aime de tout son cœur, c'est le meilleur homme du monde.

« Il y a un faquin de marquis de Ximénès qui est aux Délices, chez M. de Voltaire, et qui lui a écrit quatre lettres contre la *Julie,* qui sont bêtes, méchantes, impertinentes. Est-il possible qu'avec l'esprit de Voltaire, il entre dans son âme une basse jalousie ?

Cependant il faut être persuadé qu'il ne serait pas capable d'avoir écrit un livre comme le vôtre. Nous ne voyons pas dans ses ouvrages l'élévation, la force du génie qui est répandue dans cette charmante *Julie*.

« Adieu, le plus aimable de tous les hommes et le plus aimé. »

La Maréchale avait le soupçon que Voltaire avait encouragé, conseillé ces Lettres abjectes, endossées par le marquis de Ximénès, personnage peu recommandable, qui avait volé à Voltaire son manuscrit de l'*Histoire de la Guerre de* 1741, imprimé à l'insu de l'auteur, et qui se trouvait à sa merci (1). Qu'aurait-elle pensé si elle avait su qu'il avait rédigé lui-même ce libelle ? Le génie de Voltaire ne lui échappait pas, mais sa finesse pénétrante de grande dame lui faisait apercevoir en toute clarté les bassesses, les vengeances mesquines que l'auteur de *Zaïre* ne dédaignait pas de se permettre et, en même temps, ses mensonges effrontés qui sentaient l'office.

« Est-il possible, dit-elle, qu'avec l'esprit de Voltaire, il entre dans son âme une basse jalousie ? » Elle garda cette impression, et il ne semble pas qu'elle éprouvât jamais de la sympathie pour le patriarche, malgré ses habiles tentatives.

La copie de la *Nouvelle Héloïse*, que Rousseau fit pour la Maréchale de Luxembourg, appartient,

(1) Œuvres de Voltaire. Edition Beuchot, Tome XL, page 205.

depuis la Révolution, à la Bibliothèque de la Chambre des Députés. Elle comprend six volumes reliés en maroquin vert, ornés des douze dessins originaux, à la plume et au bistre, que Gravelot exécuta pour la première édition de l'ouvrage parue en 1761 à Amsterdam, chez Marc-Michel Rey.

Comment cet important manuscrit entra-t-il à la Bibliothèque de la Chambre ? Les documents dont on dispose n'ont pas permis jusqu'ici de répondre nettement à cette question : les érudits, consultés par nous, sont réduits aux conjectures. La supposition la plus probable est celle-ci : après la mort de la Maréchale, en janvier 1787, sa petite-fille, Amélie de Boufflers, duchesse de Lauzun, sa légataire universelle, entra en possession de la copie fameuse qu'elle garda jusqu'à sa mort sur l'échafaud, le 27 juin 1794, 9 messidor, an II. Le manuscrit fut confisqué alors, et envoyé dans ce qu'on appelait les Dépôts littéraires. C'est là que le savant Camus, membre de la Convention, admirateur de Rousseau, chargé des questions d'Archives et de Bibliothèques, l'aura remarqué et aura donné l'ordre de l'envoyer à la Bibliothèque de l'Assemblée.

Quoi qu'il en soit, le sort de ce manuscrit est assuré : il repose dans un asile sûr où il est bien gardé, et où les érudits et amis du philosophe peuvent en étudier le texte et faire des comparaisons intéressantes.

AFFAIRE DE L'ABBÉ MORELLET. — L'abbé Morellet publia, en 1760, un pamphlet intitulé : *La vision de Ch. Palissot*, attaque violente qui contenait un passage blessant pour une mourante, la princesse de Robecq, fille du maréchal de Luxembourg et de sa première femme, une Colbert-Seignelay. Pour ce fait il fut enfermé à la Bastille. D'Alembert, son ami, s'occupa de le faire remettre en liberté, et s'adressa à Rousseau afin qu'il mit en mouvement l'influence des Luxembourg. L'écrivain sans retard en parla à la Maréchale. Celle-ci à son tour fit les démarches utiles.

Dans une lettre datée de Versailles, juillet 1760, elle dit à Jean-Jacques : « J'ai vu M. de Saint-Florentin (1), qui est le mieux disposé pour l'abbé Morellet, mais il y trouve des obstacles dont il espère cependant triompher à son premier travail avec le roi, qui sera la semaine prochaine. J'ai demandé aussi pour toute grâce qu'on ne l'exilât pas, parce qu'il en était question. On voulait l'envoyer à Nancy. Voilà, Monsieur, ce que j'ai pu obtenir, mais je vous promets que je ne laisserai pas M. de Saint-Florentin en repos que l'affaire ne soit finie comme vous le désirez.

« Que je vous dise donc le chagrin que j'ai eu de vous quitter si tôt; mais je m'imagine que vous n'en doutez pas. Je vous aime de tout mon cœur et pour toute ma vie. »

----

(1) M. de Saint-Florentin fut ministre de la Maison du roi, et Ministre de l'Intérieur.

Rousseau répond le 28 juillet 1760 : « ..... Puisque, dans le fort de vos inquiétudes, vous avez bien voulu penser à l'abbé Morellet, j'espère aussi que, quand elles seront calmées, vous voudrez bien ne pas l'oublier, et que vous achèverez la bonne œuvre que vous avez si bien commencée. Si vous receviez quelque nouvelle favorable, je vous supplierais d'en faire immédiatement part à M. d'Alembert, afin que le pauvre abbé en fut instruit plus promptement. Deux heures de peine de plus ou de moins ne sont pas une petite affaire pour un prisonnier et, à juger de son cœur par le mien, le sentiment de vos bienfaits lui doit être trop cher pour ne pas le lui donner le plus tôt possible. »

Au commencement d'août, la Maréchale écrit : « On vient de me dire que l'abbé Morellet sort aujourd'hui de la Bastille », et quelques jours après : « J'ai vu ce matin l'abbé Morellet; il me paraît aimable. Nous avons parlé de vous. Il va à la campagne, non pas que cela lui soit ordonné, mais par prudence. Il a fort beau visage pour un homme qui a été sept semaines en prison. »

Le 6 août, Rousseau répond : « Je suis chargé, Madame, par l'abbé Morellet de vous témoigner sa reconnaissance, et pour les soins que vous avez bien voulu prendre en sa faveur, et pour la bonté avec laquelle vous l'avez reçu... M. d'Alembert me prie aussi d'être son interprète envers vous. Mais moi, qui ai tant de choses à vous dire, qui sera le mien ? — Mon silence. »

Au Livre X des *Confessions*, Jean-Jacques raconte assez longuement toute cette affaire. En résumé, grâce à lui, la détention de l'abbé n'avait pas été longue. La Maréchale avait sûrement été heureuse de pouvoir s'occuper d'une bonne action qui lui tenait à cœur, et de lui prouver ainsi son dévouement.

Dans les papiers de Neuchâtel, nous trouvons la lettre que Morellet écrivit au philosophe, le 4 août 1760, pour lui exprimer sa reconnaissance, lettre bien rédigée où l'abbé, en termes qu'on peut croire sincères, exprime le regret de n'avoir point avec lui un commerce d'amitié plus suivi. Rousseau n'en fut content qu'à demi, par le fait d'une phrase du début où il lui dit qu'il « lui doit *en grande partie* l'intérêt que Mme de Luxembourg a pris à ses petits malheurs ». Sans l'intervention de l'auteur de la *Julie*, la Maréchale n'aurait certainement point fait les démarches actives signalées dans ses lettres.

Quoi qu'il en soit, ce Morellet, dans ses Mémoires, calomnie odieusement son libérateur : c'était en réalité un caractère bas, un assez méprisable pied plat, pour ne pas dire un plat-gueux.

A PROPOS DE TURC, LE CHIEN DE ROUSSEAU. — A Montmorency, Jean-Jacques avait un chien qui s'appelait d'abord Duc, et dont il changea le nom en celui de Turc, quand il entra en relations avec la famille de Luxembourg; il avait aussi une chatte, nommée déjà, la Doyenne, qu'il aimait beaucoup et dont il s'inquiéta près de Mme de Verdelin, quand il eut quitté la France en 1762 (1).

M. de Luxembourg et la Maréchale connaissaient l'attachement du philosophe pour ces animaux domestiques, et ne dédaignaient pas de s'en occuper. Nous avons vu déjà que le maréchal, dans une lettre du 16 août 1759, demandait des nouvelles de Turc qui avait eu un accident. Rousseau le perdit pendant l'été de 1760, il en fut très affligé.

La Maréchale lui écrit de Paris, le 15 juillet 1760 : « Je suis arrivée hier au soir de la campagne. Quelle nouvelle j'ai apprise ! Je partage votre douleur, j'en suis moi-même au désespoir. Ce pauvre Turc ! Quel dommage ! Il y a bien des amis qui ne le valent pas. J'en fais mes compliments aussi à Mlle Levasseur... Adieu, mon cher et très-cher ami, je vous aime du plus tendre de mon cœur. M. de Luxembourg ne sait pas le malheur. » La Maréchale avait parlé de chercher un autre chien.

Le 20 juillet, Rousseau répond : « Vous savez mes regrets, et vous me les pardonnez : je ne me les reproche donc plus, et l'intérêt que vous y prenez me console de ma folie. Mon pauvre Turc n'était qu'un chien, mais il m'aimait; il était sensible, désintéressé, d'un bon naturel. Hélas ! comme vous le dites, combien d'amis prétendus ne le valaient pas ! Heureux même si je retrouvais ces avantages dans la recherche dont

(1) Voir notre ouvrage : *Les Portraits de J.-J. Rousseau*, Tome I, Chapitre v, page 87.

vous voulez bien vous occuper; mais, quel qu'en soit le succès, j'y verrai toujours les soins de l'amitié la plus précieuse qui jamais ait flatté mon cœur; et cela seul dédommage de tout... Il ne me reste qu'une occupation, qu'une consolation dans la vie, mais elle est douce, c'est de m'attendrir en pensant à vous. »

On le voit, la correspondance maintenant prend de part et d'autre le ton de l'amitié la plus affectueuse, de la tendresse même. Cette perte de Turc devient toute une affaire. Le maréchal, la duchesse de Montmorency, sa belle-fille, témoignent leurs regrets. « Mon Dieu, que je vous plains ! écrit le premier. Vous avez perdu le pauvre Turc, vous avez été obligé de le faire tuer, et vous ne me mandez pas pourquoi. Je ne pense pas comme vous, et je trouve vos regrets bien raisonnables. Je me porte bien, mais j'ai toujours l'âme bien affectée. Bonjour, mon cher ami. »

La duchesse de Montmorency écrit de son côté de Paris, le 25 juillet 1761 : « Je n'ose vous parler de ce pauvre Turc; c'était votre compagnie et votre ami. Un homme aussi supérieur que vous ne se fâche point d'avoir un ami aussi semblable; c'est ce qui me fait avancer ce propos qui ne conviendrait pas à tout le monde. J'ai été bien fâchée de sa mort, et j'ai eu bien du regret de ne lui avoir pas donné à manger davantage à Montmorency. »

Enfin, en février 1762, la Maréchale, qui songe toujours à remplacer Turc, écrit : « M. de Luxembourg et moi, nous vous cherchons un chien. J'espère que vous l'aurez incessamment. »

Le 18 février de cette même année, le maréchal écrit de son côté : « Je vous cherche un chien, pour remplacer ce pauvre Turc, qui n'ait que quatre ou cinq mois; c'est comme cela que vous le voulez. On m'en a amené plusieurs, mais ils sont trop jolis, et vous ne le voulez pas tel, à ce que m'a dit Mme de Luxembourg qui, je vous assure, ne s'endort point sur les affaires qui concernent votre livre [l'*Emile*].

Ces regrets, cette préoccupation de l'illustre famille au sujet du chien d'un écrivain ont quelque chose de touchant, et prouvent combien Rousseau était aimé. Les petits soins, les égards accordés à nos préférences, les attentions délicates pour nous obliger et correspondre à nos goûts, émeuvent profondément notre âme, parce que nous sentons que l'amitié, la vraie, la sincère et franche amitié inspirent ces actes, cette sympathie, ce dévouement.

Nous pouvons juger de l'attachement des Luxembourg pour le philosophe par cette perte de Turc et le désir de lui trouver un successeur. Hélas ! comme nous le verrons, les événements allaient rompre cette belle intimité, séparer ces amis : la publication de l'*Emile*, malgré l'appui de la Maréchale, devait amener une catastrophe. Turc ne serait point remplacé.

Rousseau, d'ailleurs, n'y tenait pas : dans une lettre à la Maréchale, en date du 19 février 1762, il s'exprime ainsi : « Vous me marquez et M. le Maréchal me marque que vous me cherchez un chien. En combien de manières ne vous occupez-vous point de moi ! Mais, Madame, ce n'est pas un autre chien qu'il me faut, c'est un autre Turc, et le mien était unique : les pertes de cette espèce ne se remplacent point. J'ai juré que mes attachements de toutes les sortes seraient désormais les derniers. Celui-là, dans son espèce, était du nombre; et pour avoir un chien auquel je ne m'attache point, je l'aime mieux de toute autre main que de la vôtre. Ainsi, ne songez plus, de grâce, à m'en chercher un. »

LES ENFANTS DE ROUSSEAU. — Au milieu de ces effusions d'amitié, Rousseau tomba malade assez gravement pour croire qu'il allait mourir. Touché jusqu'au fond de son être de l'affection dont il se sentait entouré, il voulut faire une grande confidence à la Maréchale, celle de l'abandon de ses enfants. Le remords de cette faute, vraiment impardonnable, était resté vivace au fond de sa conscience : il éprouvait le besoin d'en faire l'aveu pour soulager son âme, et aussi, sans doute, pour ne pas être considéré comme un homme meilleur qu'il n'était en réalité.

Il écrivit alors à Mme de Luxembourg une longue lettre, remarquable à tous égards, et fort importante. Nous n'en donnons que la première partie, relative aux enfants. La seconde partie concerne Thérèse et le sort que le philosophe voulait lui assurer, s'il venait à disparaître.

Montmorency, le 12 *juin* 1761.

Que de choses j'aurais à vous dire avant de vous quitter ! Mais le temps me presse, il faut abréger ma confession, et verser dans votre cœur bienfaisant mon dernier secret. Vous saurez donc que depuis seize ans j'ai vécu dans la plus grande intimité avec cette pauvre fille qui demeure avec moi, excepté depuis ma retraite à Montmorency, que mon état m'a forcé de vivre avec elle comme avec ma sœur; mais ma tendresse pour elle n'a point diminué et, sans vous, l'idée de la laisser sans ressource empoisonnerait mes derniers instans.

De ces liaisons sont provenus cinq enfants, qui tous ont été mis aux Enfants-Trouvés, et avec si peu de précaution pour les reconnaître un jour, que je n'ai pas même gardé la date de leur naissance. Depuis plusieurs années, le remords de cette négligence trouble mon repos, et je meurs sans pouvoir la réparer, au grand regret de la mère et au mien. Je fis mettre seulement dans les langes de l'aîné une marque dont j'ai gardé le double; il doit être né, ce me semble, dans l'hiver de 1746 à 1747, ou à peu près. Voilà tout ce que je me rappelle. S'il y avait le moyen de retrouver cet enfant, ce serait faire le bonheur de sa tendre mère; mais j'en désespère, et je n'emporte point avec moi cette consolation.

Les idées dont ma faute a rempli mon esprit ont contribué en grande partie à me faire méditer le *Traité de l'Education*; et vous y trouverez, dans le Livre Ier, un passage qui peut vous indiquer cette disposition. Je n'ai point épousé la mère, et je n'y étais point obligé, puisque, avant de me lier avec elle, je lui ai déclaré que je ne l'épouserais jamais, et même un mariage public nous eut été impossible à cause de la différence de religion; mais du reste, je l'ai toujours aimée et honorée comme ma femme, à cause de son bon cœur, de sa sincère affection, de son désintéressement sans exemple, et de sa fidélité sans tache, sur laquelle elle ne m'a pas même occasionné le moindre soupçon.

Voilà, Madame la Maréchale, la trop juste raison de ma sollicitude sur le sort de cette pauvre fille après qu'elle m'aura perdu, tellement que, si j'avais moins de confiance dans votre amitié pour moi, et en celle de M. le Maréchal, je partirais pénétré de douleur de l'abandon où je la laisse, mais je vous la confie, et je meurs en paix à cet égard...

La fin de la lettre est pleine d'émotion, et mérite d'être citée :

Vous voyez, Madame la Maréchale, avec quelle simplicité, avec quelle confiance j'épanche mon cœur devant vous. Tout le reste de l'univers n'est déjà plus rien à mes yeux. Le cœur qui vous aime sincèrement ne vit déjà plus que pour vous, pour M. le Maréchal et pour la pauvre fille.

Adieu, amis tendres et chéris; aimez un peu ma mémoire; pour moi, j'espère vous aimer encore un peu dans l'autre vie ; mais, quoi qu'il en soit de cet obscur et redoutable mystère, en quelque heure que la mort me surprenne, je suis sûr qu'elle me trouvera pensant à vous.

Rousseau payait cher l'abandon de ses enfants : le remords n'avait fait que croître, en même temps que son génie se développait et s'affirmait; l'acte accompli dans sa jeunesse avec légèreté et insouciance, et même avec une certaine bravade, suivant les mœurs de l'époque, s'était transformé en terrible reproche de conscience, à mesure qu'il avait pris dans ses ouvrages le ton du moraliste et du réformateur.

Et puis, quelle humiliation pour lui d'avouer sa faute ! Sans doute l'éducation de ses enfants eût été pour lui une charge, mais qu'elle eût été légère comparée au remords de ne l'avoir point acceptée, aux regrets multiples qui suivent de pareilles négligences, et de tels oublis.

Que de fois j'ai songé à cette faute de Rousseau, qu'en définitive nous ne connaissons que par lui ! Evidemment, elle fut le résultat fatal et dernier des vagabondages de sa jeunesse si remplis de souffles malsains, de l'ambiance mauvaise trouvée à Paris, de l'absence familiale, de l'isolement, et aussi de la gêne, de la vie étroite et dure. Je finis toujours par répéter le vers de Musset :

Pauvreté ! Pauvreté ! c'est toi la courtisane !

En recevant la lettre du 12 juin, la Maréchale dut être bouleversée. Rousseau se croyait mourant, il lui révélait sa détresse morale, ses inquiétudes, ses angoisses... Quelle perspective sur son passé de misère ! En femme supérieure qu'elle était, et qui connaissait la vie, elle ne l'en aima que davantage. Voici sa réponse :

« *Paris, juin* 1761.

« Il faudrait des volumes pour vous dire tout ce que je pense sur votre dernière lettre. J'ai cent mille choses à vous dire, et j'irai demain après-midi à Montmorency. Je partirai vers les six heures avec M. de Luxembourg, ayant la plus grande impatience de vous embrasser. »

Mme de Luxembourg voulut essayer de retrouver l'enfant, l'aîné, dont Jean-Jacques avait parlé dans sa lettre du 12 juin. Elle chargea La Roche, son domestique et homme de confiance, de faire aux Enfants-Trouvés les recherches nécessaires; elles furent tout à fait infructueuses.

Dans une lettre datée de Paris, août 1761, elle écrit à Rousseau : « L'affaire de ces lettres initiales [concernant l'enfant abandonné], est la plus difficile du monde. L'homme qui se mêle de cette recherche-là est difficile et fâcheux; il ne veut point d'argent, par conséquent on le peut bien moins presser. Il demande plusieurs mois, parce que les renseignements sont fort peu certains, et qu'il faut feuilleter au moins six mois de registres. »

Aucun de ces malheureux enfants ne fut découvert, nul n'a jamais su quel fut leur sort. J'ai pensé souvent qu'après la mort de Rousseau, 2 juillet 1778, surtout après la publication intégrale des *Confessions*, — édition de 1788 — quelque curieux aurait pu interroger Thérèse qui vécut jusqu'en juillet 1801, et lui demander quelques détails sur ses cinq accouchements, notamment sur le sexe des nouveau-nés. J'a la conviction que cet interrogatoire a eu lieu, que Thérèse a dû faire des confidences, mais la discrétion a été strictement gardée; jusqu'ici nous ne savons rien.

Rousseau recouvra la santé, une santé relative, et la publication de son *Traité de l'Education* l'absorba tout entier.

PUBLICATION DE L' « ÉMILE ». — Mme de Luxembourg avait prié Rousseau de lui confier l'arrangement avec un éditeur de cette publication de l'*Emile*, après la lecture qu'il lui en avait faite. Elle lui donna l'assurance que M. de Malesherbes, directeur de la Librairie, était bien disposé à ce sujet, et verrait avec plaisir le livre paraître. Celui-ci écrivit même à l'auteur une lettre rassurante, après avoir lu le manuscrit : « *Malesherbes, 18 novembre 1761*... Je me contente de vous assurer que l'ouvrage entier m'a fait le même plaisir que tout ce qui sort de votre plume. Je crois que vous feriez grand tort au public de l'en priver ou d'attendre l'édition de vos œuvres pour le donner. »

Jean-Jacques avait remis le manuscrit à son amie dans l'été de 1760. La Maréchale s'occupa de l'affaire, « un marché fut conclu à Paris avec le libraire Duchesne, et par celui-ci avec le libraire Néaulme d'Amsterdam ». La mise en train de la composition typographique demanda du temps. Rousseau, de nouveau très souffrant, reçut diverses communications qui l'alarmèrent sur le sort de son ouvrage. Il apprit notamment que les Jésuites en avaient eu connaissance : le soupçon le plus noir s'empara alors de son esprit, témoin la lettre suivante adressée à Mme de Luxembourg :

Montmorency, le 13 décembre 1761.

Je ne voulais point, Madame la Maréchale, vous inquiéter de l'histoire de mon malheur; mais puisque le chevalier [de Lorenzi] vous en a parlé, et que vous voulez y chercher remède, je ne puis vous dissimuler que mon livre est perdu. Je ne doute nullement que les Jésuites ne s'en soient emparés avec le projet de ne point le laisser paraître de mon vivant, et sûrs de ne pas longtemps attendre, d'en substituer, après ma mort, un autre toujours sous mon nom, mais de leur fabrique, lequel réponde mieux à leurs vues.

Il faudrait un mémoire pour vous exposer les raisons que j'ai de penser ainsi. Ce qu'il y a de très sûr, au moins, c'est que le libraire n'imprime ni ne veut imprimer, qu'il a trompé M. de Malesherbes, qu'il vous trompera, et qu'il se moque de moi avec l'impudence d'un coquin qui n'a pas peur et qui se sent bien soutenu.

Cette perte, la plus sensible que j'aie jamais faite, a mis le comble à mes maux et me coûtera la vie : mais je la crois irréparable; ce qui tombe dans ce gouffre-là n'en sort plus; ainsi je vous conjure de tout laisser là, et de ne pas vous compromettre inutilement.

Toutefois, si vous voulez absolument parler au libraire, M. de Malesherbes est au fait et lui a parlé; il serait peut-être à propos qu'il vous vit auparavant. Si, contre toute attente de ma part, il est possible d'avoir un manuscrit en rendant tout, faites, Madame la Maréchale, et je vous devrai plus que la vie. Les quinze cents francs que j'ai reçus ne doivent point faire d'obstacle; je puis les retrouver, et vous les renvoyer au premier signe.

Il faut être écrivain pour bien comprendre l'inquiétude, l'angoisse, le désespoir même de Rousseau, dont la sensibilité était suraiguë. Il savait, lui, tout ce que signifiait l'*Emile*; il avait mesuré la portée de la *Profession de foi du Vicaire savoyard*; il avait la certitude que ce livre-là, avec la *Julie*, serait son plus beau titre de gloire, et, malade comme il l'était, il avait hâte de le voir sortir des presses de l'imprimeur. Une fois publié, il ferait son chemin dans le monde, et personne ne pourrait plus en altérer le texte, si cher à sa pensée, qui lui avait demandé tant de soins, et qui, debout, vivant, harmonieux, hardi, donnait tant de joie à sa paternité intellectuelle.

Or, les épreuves n'arrivaient pas régulièrement; les jours, les semaines, les mois passaient, point de résultat précis, point de mise en train définitive, point de solution nette. Et, par surcroît, les Jésuites, oui, les Jésuites abhorrés, connaissaient cet *Emile* tant aimé; peut-être en avaient-ils pris une copie en cachette; peut-être en avaient-ils dérobé habilement le manuscrit original... Enfer et damnation!

On devine le *processus* terrible et rapide du soupçon. Plus de doute, n'est-ce pas, l'ouvrage était perdu; le chef-d'œuvre serait mutilé, sa doctrine étouffée, sa prose magnifique remplacée par un style de cagots et de goujats de lettres, et on y mettrait son nom! Ah! les scélérats! Et lui, Jean-Jacques, se sentait mourir!

Il faut se dire tout cela, pour expliquer sa lettre désolée. Heureusement, ses craintes étaient chimériques. Mme de Luxembourg, M. de Malesherbes lui-même ne s'étaient point rendu compte sans doute de l'immense portée des doctrines renfermées dans l'*Emile*, et n'avaient vu que ses beautés. Mais, sous leur puissante protection, la publication n'était pas entravée, comme Rousseau le redoutait; ses angoisses n'étaient motivées que par des faits sans importance, par des entretiens alarmistes que son imagination grossissait. Malgré des lenteurs, l'imprimeur exécutait sa composition, et avançait vers la mise au jour de l'œuvre.

La Maréchale ne perdit pas un moment pour éclaircir la situation. Nous avons le résultat de ses démarches dans la lettre suivante adressée au philosophe :

« *Paris, ce mardi, décembre* 1761.

« Ah ! mon Dieu ! Quelle affliction votre lettre m'a causée ! En arrivant hier de Versailles, je l'ai reçue. Tout de suite, j'allai chez Duchesne [l'éditeur], que je trouvai seul pour me recevoir; vous savez que c'est lui qui prend toujours la parole. Je ne peux pas m'empêcher de vous dire que je ne les crois point coupables (1). Je ne voulais pas l'effaroucher d'abord.

« Il m'a juré, avec les plus grands serments, que depuis que votre manuscrit est entre leurs mains, ils ne l'ont montré à qui que ce soit au monde; que si vous n'avez pas de feuilles aussi souvent que cela devrait être, c'est que vous faites souvent des changements, des notes qu'il m'a même montrées écrites de votre main; ainsi qu'il faut refondre ces feuilles et qu'on vous envoie deux fois la même épreuve quand vous y avez fait des changements; que leur intérêt était que l'ouvrage soit bientôt fini. Ils me

(1) Duchesne et Guy, son associé, libraires-éditeurs.

donnent leur parole qu'il sera achevé d'imprimer à la fin de février [1762], pour être mis en vente au commencement de mars. »

La Maréchale fait de son mieux pour rassurer l'écrivain, et lui expose les précautions qu'elle a prises pour connaître la vérité. Elle a confiance dans Duchesne et dans son associé. Elle termine ainsi :

« Adieu, Monsieur, calmez un peu votre esprit, et soyez persuadé que personne ne vous aime aussi tendrement que moi. »

C'est à ce moment sans doute que la Maréchale écrivit à M. de Malesherbes la lettre suivante, que nous croyons inédite : c'est la seule que possède d'elle la Bibliothèque Nationale.

« *A Versailles, ce samedi.*

« Vous êtes plein de bonté et d'humanité, Monsieur. Ce pauvre Rousseau en a grand besoin, mais il est aussi bien intéressant. Je ne partage point sa reconnaissance : il mérite bien seul tout ce que vous faites pour lui. Ce n'est pas que je sois ingrate, car je compte, Monsieur, sur l'honneur de votre amitié, et personne n'en est plus fière . . . que moi.

« Soyez persuadé, je vous supplie, des sentiments du plus tendre attachement avec lesquels j'ai l'honneur d'être Monsieur,

« Votre très humble et très obéissante servante.

« LA D[UCHESSE] DE LUXEMBOURG. »

« Je ne partage point sa reconnaissance. » La Maréchale veut parler de la reconnaissance que Rousseau doit à M. de Malesherbes. Elle considère que ce que celui-ci a fait pour le philosophe, il l'a fait pour lui seul, et non en considération d'elle-même. Bref, Jean-Jacques mérite seul les bienfaits de M. de Malesherbes, en dehors de toute intervention de Mme de Luxembourg.

Comme on en peut juger, la Maréchale s'entendait à mener une affaire : sa réponse à Rousseau est pleine de clarté, de bon sens, de précisions rassurantes. On sent dans ses paroles la femme qu'on n'abuse pas, qui a pris en main les démarches d'une publication, et tient à cœur de défendre les intérêts de l'auteur, même s'il lui semble s'alarmer à tort.

Jean-Jacques fut confus de ses noirs soupçons, de son exaltation pessimiste. Revenu au calme, jugeant mieux les faits, appréciant plus sainement la conduite de Duchesne, son libraire, il écrivit à la Maréchale pour demander grâce de ses folles suppositions.

La publication de l'*Émile* marchait lentement, mais elle avançait. Rousseau passait par des alternatives d'espérance et d'abattement. La Maréchale veillait au grain, s'efforçait de lui faire prendre patience, de le consoler. Jamais son dévouement n'avait été si affectueux.

Un samedi de février 1762, elle lui écrit de Paris : « Je pars dans ce moment pour Villeroy. Me permettez-vous de remettre à vous faire réponse à mon retour ?

Je n'y serai que peu de jours. Je vous aime de tout mon cœur. Il n'y a rien que je ne fusse prête à donner pour vous rendre la santé; c'est un des plus grands malheurs de ma vie qu'elle ne soit pas meilleure. »

De Paris encore, 27 mars : « Je me fais un plaisir, le plus grand qu'on puisse avoir, d'aller jeudi à Montmorency. Je vous aime, nous vous aimons à la folie. J'ai eu des nouvelles de Duchesne; il n'attend plus que les estampes. Le livre [l'*Emile*] paraîtra au plus tard dans quinze jours. Recevez mes embrassements, que je renouvellerai jeudi avec bien du plaisir. »

Du mois d'avril : « Mon cœur est tout plein de vous. Je suis occupée de votre santé au delà de l'expression; je vous aime de tout mon cœur. »

Ce ne fut qu'au mois de mai 1762 que l'*Emile* put paraître. La mise au jour avait été laborieuse. M. de Malesherbes lui-même était allé voir Rousseau à Montmorency pour en parler; le solitaire avait été très sensible à cette démarche. La Maréchale, qui avait tout dirigé avec patience, habileté et sang-froid, ne pouvait que se réjouir de l'événement. Aussi, elle écrit à l'auteur :

« *Paris* [22] *mai* 1762.

« Enfin, le voilà donc ce livre si attendu ! M. Duchesne me l'a apporté ce matin, relié en maroquin rouge superbe, et vos trente exemplaires. J'en enverrai demain, comme vous me le mandez, à mon frère qui est à Villeroy, à M. d'Armentières qui est à Metz. J'en ai donné aussi de votre part à Mme de Montmorency et à la duchesse de Boufflers; demain j'en porterai un de votre part aussi à M. le prince de Conti. à Mme Du Deffand et à Mme de Mirepoix.

« J'en prends pour M. de Luxembourg et moi je ne sais combien, et je vous en renvoie douze. En vérité, vous êtes bien magnifique, et vous faites bien des présents pour un homme qui n'en veut jamais recevoir. J'aurai bien du plaisir à vous voir le 1er de juin. Je vous jure que personne au monde ne vous aime plus tendrement que moi. »

Le 22 mai, c'est-à-dire le même jour, le maréchal de son côté écrivait au philosophe : « Nous attendons, ce matin, avec la plus grande impatience. Duchesne, qui doit nous apporter l'*Education*... Bonjour, mon cher ami; je ne saurais vous exprimer tout le plaisir que je me fais de vous embrasser de mardi en huit. M. Duchesne arrive et m'apporte un exemplaire relié magnifiquement. »

Combien on sent que la Maréchale était heureuse de cette publication de l'*Emile* : d'abord son amour-propre était satisfait; elle s'était chargée de l'affaire, qui avait été entourée de petits obstacles d'exécution. de lenteurs, peut-être même de difficultés graves que nous ignorons, ou que nous connaissons mal; elle avait tout surmonté, tout arrangé, tout couvert de

son manteau de grande dame, de concert avec
M. de Malesherbes.

Ensuite et surtout, elle éprouvait une joie sincère en pensant à celle que Rousseau ressentait
devant la naissance de son *Traité d'Education* qui,
avec l'*Héloïse*, faisait entrer son nom dans la grande
gloire. « Quel que soit son succès dans le monde,
écrivait-il à la Maréchale, le 19 mai 1762, mon
dernier ouvrage ayant été publiquement honoré de
vos soins et de votre protection, je crois ma carrière
très heureusement couronnée : il était impossible de
mieux finir. »

Les événements qui suivirent de près l'apparition
de l'*Emile* sont connus, nous n'avons pas à les raconter : il faut en lire le récit dans les *Confessions*.
L'ouvrage fut jugé dangereux, la *Profession de foi du
Vicaire* effraya ou plutôt parut effrayer les convictions
religieuses, la foi des sceptiques et des vieux roués du
Parlement. On décida de faire brûler le livre par la
main du bourreau, au pied du grand escalier du
Palais de Justice, et un Décret de prise de corps fut
préparé pour le 9 juin contre Rousseau. Le prince de
Conti prit la défense de l'écrivain dans les Conseils,
et avisa par lettre la Maréchale : tout ce qu'il put
obtenir fut que le Décret ne serait pas exécuté, si
Jean-Jacques quittait le royaume.

Le 8 juin 1762, dans la nuit, Mme de Luxembourg
envoya son homme de confiance, La Roche, porter
au philosophe le billet suivant :

« *8 Juin* 1762.

« Je vous envoie la lettre de M. le prince de Conti. Il me semble que vous n'avez pas un moment à perdre pour apporter tous vos papiers, et vous mettre vous-même à couvert de toutes les vexations qu'on peut vous faire, quand on a la force en main et que la justice ne l'accompagne pas toujours.

« Au nom de Dieu, venez : c'est la plus grande marque d'amitié que vous puissiez me donner. La Roche vous dira mes raisons pour vous envoyer chercher la nuit. »

Rousseau eut d'abord l'idée de se raidir contre l'exil qu'on lui imposait, et d'attendre chez lui l'exécution du Décret de prise de corps. Mais, en présence de Mme de Luxembourg, il fut ému, et son émotion changea sa résolution première. « En la voyant, dit-il, je m'oubliai moi-même pour ne penser qu'à elle et au triste rôle qu'elle allait jouer, si je me laissais prendre ; car me sentant assez de courage pour ne dire jamais que la vérité, dût-elle me nuire et me perdre, je ne me sentais ni assez de présence d'esprit, ni assez d'adresse, ni peut-être assez de fermeté pour éviter de la compromettre si j'étais vivement pressé. Cela me décida à sacrifier ma gloire à ma tranquillité, à faire pour elle, en cette occasion, ce que rien ne m'eût fait faire pour moi. (1). »

(1) *Les Confessions*, Livre XI.

Aveu touchant de gratitude que méritait bien la Maréchale. Il eut été cruel de la compromettre en affrontant les juges menaçants qui, dogues affamés, s'apprêtaient à déchiqueter leur proie : l'affaire peut-être eut tourné au scandale. En acceptant l'exil, Rousseau récompensa ainsi son amie de ses soins affectueux, de ses lettres admiratrices et aimantes, de ses fines causeries, de son engouement pour la *Julie*, de ses peines pour l'*Emile*, bref de tout ce qu'elle avait dit et fait pour son bien-être, son bonheur, son prestige d'écrivain, son contentement de chaque jour, sa gloire. Le 9 juin, il se mit en route, puis quitta la France, en se dirigeant sur Yverdun, dans le canton de Berne.

Les adieux avaient été émouvants au château de Montmorency. Ici, on ne peut citer que Rousseau, lui seul a pu donner l'accent de la scène qui se passa.

« Comme je n'avais point dîné à table, dit-il, et ne m'étais pas montré dans le château, les dames vinrent me dire adieu dans l'entre-sol, où j'avais passé la journée. Mme la Maréchale m'embrassa plusieurs fois d'un air assez triste; mais je ne sentis plus dans ces embrassements les étreintes de ceux qu'elle m'avait prodigués, il y avait deux ou trois ans. Mme de Boufflers m'embrassa aussi, et me dit de fort belles choses.

« Un embrassement qui me surprit davantage fut celui de Mme de Mirepoix, car elle était aussi là. Mme de Mirepoix est une personne extrêmement froide, décente et réservée, et ne me paraît pas tout à fait exempte de la hauteur naturelle à la maison de Lorraine. Elle ne m'avait jamais témoigné beaucoup d'attention. Soit que flatté d'un honneur auquel je ne m'attendais pas, je cherchasse à m'en augmenter le prix, soit qu'en effet elle eut mis dans cet embrassement un peu de cette commisération naturelle aux cœurs généreux, je trouvai dans son mouvement et dans son regard je ne sais quoi d'énergique qui me pénétra. Souvent en y repensant, j'ai soupçonné dans la suite que, n'ignorant pas à quel sort j'étais condamné, elle n'avait pu se défendre d'un moment d'attendrissement sur ma destinée.

« M. le Maréchal n'ouvrait pas la bouche, il était pâle comme un mort. Il voulut absolument m'accompagner jusqu'à ma chaise qui m'attendait à l'abreuvoir (1)... Je n'ai guère eu dans ma vie d'instant plus amer que celui de cette séparation. L'embrassement fut long et muet : nous sentîmes l'un et l'autre que cet embrassement était un dernier adieu (2). »

Quelle page admirable ! Il n'est guère, il n'est même pas de plus beau style, d'accent plus pénétrant, de plus riche noblesse d'expression, de prose plus nette et mieux frappée.

(1) Cet abreuvoir existe encore à Montmorency. Plus d'une fois, j'ai évoqué là la mémoire de la Maréchale de Luxembourg, du Maréchal, et de Jean-Jacques. — H. B.
(2) *Les Confessions.* Livre XI.

L'exil de Rousseau. — Les beaux jours de Montmorency étaient passés. Pour le philosophe, c'était trop certain, puisqu'il était proscrit de France. Pour la famille de Luxembourg, il en était de même, car le départ du solitaire avait créé un grand vide; un charme magique avait disparu avec lui; l'affection dont on l'entourait ne pourrait plus guère se donner carrière. Il en est de ces amitiés-là, comme de l'amour, « l'absence est le plus grand des maux ».

Comment ! Il ne viendrait plus au château ! On n'entendrait plus son pas discret sur le sable des allées, ni sa voix, craintive souvent, éloquente toujours, dans un coin du salon, ou sur un banc du parc ! On n'irait plus le surprendre là-haut, dans son Donjon, sur sa terrasse de Montlouis ! Que de bons moments on avait eus avec lui ! Comme on avait cherché à lui faire plaisir, à dissiper sa tristesse, à le comprendre, pendant les trois années qui venaient de s'écouler ! Comme on l'avait aimé !

La duchesse de Montmorency, belle-fille du maréchal, résumait bien toute cette affliction de la famille, quand elle lui écrivait, le 20 mars 1763 : « Si vous êtes malheureux, vous n'êtes pas le seul, car ne le sommes-nous pas tous d'avoir perdu une société aussi charmante que la vôtre (1). »

La consolation des amis séparés, c'est de s'écrire. Aussitôt arrivé à Yverdun, Rousseau écrivit à

____

(1) Fonds Rousseau. — Bibliothèque de Neuchâtel.

M. de Luxembourg, le 16 et 17 juin 1762, et à cette
dernière date aussi à la Maréchale, à laquelle il ouvre
son âme sensible en ces termes : « Vous l'avez voulu,
Madame la Maréchale. Me voilà donc exilé loin de
tout ce qui m'attachait à la vie ! Est-ce un bien de la
conserver à ce prix ? Du moins, en perdant le bonheur
auquel vous m'aviez accoutumé, ce sera quelque consolation dans ma misère de songer aux motifs qui
m'ont déterminé...

« Je suis arrivé ici [à Yverdun] dans un accablement inconcevable ; mais depuis deux jours que j'y
suis, je me sens déjà beaucoup mieux : l'air natal,
l'accueil de l'amitié, la beauté des lieux, la saison,
tout concourt à réparer les fatigues du plus triste
voyage. Quand j'aurai reçu de vos nouvelles, que
vous m'aurez dit que vous m'aimez toujours, que
M. le Maréchal m'aura dit la même chose, je serai
tranquille sur tout le reste. Quelque malheur qui
m'attende, une consolation qui m'est sûre est de ne
l'avoir pas mérité...

« Je n'ose vous demander des nouvelles [au sujet
de l'*Emile*], je les attends horribles ; mais les juge-
mens du Parlement de Paris ne sont pas si respec-
tables qu'on n'en puisse appeler à l'Europe et à la
postérité. Je prends la liberté de vous recommander
ma pauvre gouvernante. Dans quel embarras je l'ai
laissée, et quel bonheur pour elle et pour moi que
vous ayez été à Montmorency dans ces temps de nos
calamités. »

Quelle profonde affection ! Rousseau en exprime une non moins grande au maréchal en lui disant, 17 juin : « ... Mon tendre attachement pour vous est à l'épreuve du temps, de l'éloignement, des malheurs, de ces malheurs mêmes auxquels le cœur d'un honnête homme ne sait point se préparer, parce qu'il n'est pas fait pour l'ignominie, et qui l'absorbent tout entier quand ils lui sont arrivés. En cachant ma honte à toute la terre, je penserai toujours à vous avec attendrissement, et ce précieux souvenir fera ma consolation dans mes misères. Mais vous, Monsieur le Maréchal, daignerez-vous quelquefois vous souvenir d'un malheureux proscrit ? »

La catastrophe de l'*Emile*, la séparation, l'éloignement, le malheur font déborder la sensibilité de Jean-Jacques. Combien il est attaché à l'illustre famille ! Comme il sait apprécier toutes ces sympathies qui ont Montmorency pour foyer !

La correspondance va se continuer assez active encore jusqu'à la mort du maréchal en 1764. Nous pourrions la résumer, mais nous préférons en donner les parties essentielles, car seules elles font ressortir les caractères et révèlent les sentiments. Résumer ici, ce serait éteindre le flambeau des affections. Les textes sont d'autant plus significatifs que les amis sont éloignés, ne peuvent plus se voir, et qu'ils cherchent à faire oublier par leurs lettres le malheur de leur séparation. Ces textes sont absolument nécessaires, surtout les épîtres de la Maréchale, que possède la Bibliothèque de Neuchâtel. Il n'y a que les paroles des intéressés, heureux ou malheureux, pour donner l'accent aux situations.

Là-bas, donc, à Montmorency, dans le château qu'il aimait, on pense au philosophe, on s'occupe de ses affaires, on veille sur ses intérêts, on le regrette, on le lui dit. La Maréchale écrit, treize jours après le fatal départ :

Montmorency, 23 juin 1762.

« Je commence à sentir la douleur de votre absence. Dans les premiers jours, j'étais trop en peine pour avoir d'autres sentiments qu'une inquiétude horrible. Votre première lettre de Dôle [inconnue] nous avait étonnés, cependant vous étiez déjà loin de Paris, mais quand nous avons été plusieurs jours sans recevoir de nouvelles de votre arrivée, je vous assure que l'inquiétude a redoublé. Je craignais que vous ne fussiez tombé malade et que vous n'eussiez pas pu continuer votre route, car M. de Luxembourg a reçu vos deux lettres en même temps [des 16 et 17 juin].

« Enfin, vous voilà arrivé ! Il est cruel d'être obligé d'en être bien aise. Je ne me peux cependant persuader que je ne vous reverrai plus, cela est impossible, ma raison n'est pas assez forte pour supporter cette idée...

« Je vous aimerai toute ma vie, vous m'aimerez de même, j'en suis sûre; mais que les absences de Paris étaient longues. Ah ! mon Dieu, peut-on penser à celle-ci ! Adieu, mon cher, mon très cher ami, c'est de tout mon cœur que je vous aime. »

A cette même date du 23 juin, le maréchal adressait, de Montmorency, une longue lettre à l'écrivain : il lui donne des détails sur la marche de ses affaires, sur Thérèse, sur le désir que cette pauvre femme éprouve d'aller le rejoindre. Jamais ami ne montra plus de dévouement à son ami pour les grandes et les petites choses.

Il dit : « Me voilà bien tranquille, mon cher ami, de vous savoir arrivé en bonne santé à Yverdun; j'en avais besoin, car j'étais inquiet de votre marche... Le Parlement n'a rien fait sur votre affaire. Je ne sais ce qui en arrivera; mais il y a aujourd'hui quinze jours de cela. Nous avons l'œil au guet, et vous ne sauriez croire tous les mouvements que s'est donnés l'homme [le prince de Conti] pour qui vous avez envoyé une lettre, et les marques d'amitié qu'il vous a données dans cette occasion.

« Je vous ai parlé d'abord de toutes vos affaires, sans rien dire des sentiments de mon cœur; il est bien affligé d'être aussi éloigné de vous; mais c'est une consolation d'être sûr que vous penserez à moi, et j'aurai un plaisir infini d'être ici votre correspondant, et de vous faire passer par la voie de M. de Rougemont, les effets dont vous aurez besoin, et les cartons et paquets de papiers numérotés que vous m'avez laissés, et qui sont sous ma clef. Adieu, mon cher ami; donnez-moi bientôt de vos nouvelles. »

Les préoccupations inévitables de la vie, l'engrenage des relations, l'arrangement des travaux, des loisirs, propres à chaque classe de la société, amènent petit à petit l'apaisement de ces regrets, de ces chagrins que font naître des séparations hâtives, imposées par la force des choses ou la malveillance des hommes. On subit les cruautés du sort, on se résigne, on s'écrit, on cherche à se consoler; le temps passe, on vieillit, on s'attriste, et parfois on retrouve l'espérance de se revoir. Le plan, le cadre des existences ne sont plus les mêmes, hélas! Plus le temps s'écoule, et plus ils deviennent différents.

Rousseau, en Suisse, doit chercher à se créer un foyer : il y parvient, non sans peine. Il ne peut se désintéresser du sort de ses œuvres, ni renoncer à la mission de réformateur, de redresseur de torts qu'il s'est donnée, ni se laisser piétiner par un Parlement de pharisiens, par un archevêque qui éprouve le besoin de lui donner le coup de pied légendaire, par un ramas de pasteurs haineux et ignorants qui, sous le couvert du Saint-Évangile, pensent et écrivent comme de vils persécuteurs et d'effrayants cagots.

Il saura leur parler à tous; il leur apprendra ce que c'est qu'un polémiste; Montmorency fatalement ne peut plus occuper la première place dans la trame de son existence... Séjour charmant à jamais déserté ! Bonheur envolé qui ne reviendra plus !

D'autre part, la famille de Luxembourg est accablée de deuils. Le maréchal a perdu sa fille, la princesse de Robecq; son fils unique, le duc de Montmorency; son petit-fils, le comte de Luxembourg, dernier représentant de cette branche. Lui-même se sent atteint et n'a plus que deux ans à vivre. « Mon-

sieur le Maréchal vieillissait, dit Rousseau. Son assi-
duité à la cour, les soins qu'elle entraînait, les chasses
continuelles, la fatigue surtout du service durant son
quartier, auraient demandé la vigueur d'un jeune
homme, et je ne voyais plus rien qui put soutenir
la sienne dans cette carrière (1). »

La Maréchale, très attachée à son mari, lui pro-
diguait ses soins et poursuivait avec la plus grande
vigilance l'éducation de sa petite-fille, Amélie de
Boufflers : toute la société admirait ses qualités
d'éducatrice. Certes, comme le maréchal, elle restait
dévouée à Rousseau, mais il ne faisait plus partie de la
vie quotidienne de Montmorency, il était loin, bien loin,
l'attrait de sa présence n'était plus qu'un souvenir.
Pauvre Jean-Jacques! Quel malheur de l'avoir perdu !

La correspondance se poursuivit encore assez
active et toujours affectueuse, pendant près de deux
années, puis elle se ralentit par le fait des luttes nouvelles dans lesquelles le philosophe se trouva engagé
et des persécutions qu'il dut subir. Elle dura toutefois jusqu'à la mort du maréchal, en mai 1764.
Après cette date, nous ne possédons plus que quelques
lettres de Mme de Luxembourg répondant à l'écrivain.

De Paris, le 16 août 1762, la Maréchale écrit : » Il
est bien cruel d'être éloigné par un aussi grand espace,
et que les lettres soient supprimées. Je sens vos
peines et vos malheurs plus que personne au monde,
et je peux même vous avouer que vous ne les éprouvez

____

(1) *Les Confessions*, Livre XI.

pas plus amers que moi. Je vous fais mon compliment sur l'arrivée de Mlle Levasseur, et je vous assure que, ne pouvant être moi-même auprès de vous, j'ai été charmée de son départ, quoique je désirasse infiniment la garder ici; c'était toujours quelqu'un à qui je pouvais continuellement parler de vous... Adieu, le plus cher de mes amis, le plus digne d'être aimé, et le plus aimable de tous les hommes. »

Du maréchal, Paris, 4 septembre 1762 : « Je suis charmé que vous soyez dans un lieu [Môtiers-Travers] où vous puissiez passer votre hiver tranquillement et à l'abri de l'injustice des hommes, que vous avez trop éprouvée jusqu'à présent. Vous ne me parlez point de Mlle Levasseur. Je voudrais aussi que vous me fissiez la description de votre demeure; je m'imaginerais quelquefois vous y voir, et cette idée me satisferait un instant. Je n'irai de longtemps à Montmorency, et je n'ai plus d'empressement de m'y retrouver; j'y ai essuyé trop de chagrin à mon dernier voyage... Nous parlons de vous, tous les jours, Mme de Luxembourg et moi, et de qui pouvons-nous parler que nous aimions plus tendrement. »

Le maréchal ne tient plus à retourner à Montmorency, parce que Rousseau est absent, et que le charme a disparu avec lui, comme nous le disions plus haut. Le vœu exprimé d'avoir une description de Môtiers-Travers valut à M. de Luxembourg deux magnifiques lettres des 20 et 28 janvier 1763, deux chefs-d'œuvre. Rousseau a mis là tout son talent de peintre de la nature, ce n'est pas peu dire.

De Paris, 4 mars 1763, le maréchal écrit : « L'absence n'a pas diminué l'intérêt que je prends à votre santé et a augmenté, s'il est possible, mon cher ami, ma tendre amitié pour vous. »

De Paris, 18 avril 1763 : « J'ai été passer la semaine sainte à Montmorency; que je l'ai trouvé changé ! Il a perdu pour moi tous ses agréments... la promenade m'ennuyait, et les matinées étaient bien longues. »

Peut-on regretter avec plus de cœur l'absence d'un ami !

De Paris, 4 juillet 1763 : « Le roi va demain à Compiègne; j'irai dimanche et n'irai à Montmorency que le 20. Je ne me sens pas cette année le même empressement d'y aller, vous devinez bien pourquoi, et quand j'arriverai à La Barre, je me sentirai le cœur serré (1). Quelle différence je trouverai dans mes promenades !... Enfin je trouve que c'est un lieu bien différent de ce qu'il était. »

La dernière lettre connue du maréchal est du 12 septembre 1763, elle se termine par ces mots : « Mme de Luxembourg et moi nous nous portons fort bien, et nous vous embrassons l'un et l'autre de tout notre cœur. »

En janvier 1764, l'excellent homme fut gravement atteint par la maladie qui devait l'emporter. Sa santé ne fit dès lors que décliner, il n'écrivit plus. Rousseau,

____

(1) La Barre, village près de Montmorency. Quand M. de Luxembourg revenait de Paris, Rousseau allait l'attendre là.

dans ses montagnes de Neuchâtel, s'inquiétait, se désolait. Le 25 décembre 1763, il avait écrit à Mme de Verdelin : « Tout l'hôtel de Luxembourg garde avec moi le plus morne silence; ce qui, je vous l'avoue, m'étonne et me navre de la part de M. le Maréchal. »

N'y tenant plus, il adressa à M. de Luxembourg, le 21 avril 1764, la lettre suivante, qui fut la dernière :

« *Môtiers, le 21 avril* 1764.

« Je suis alarmé, Monsieur le Maréchal, d'apprendre à l'instant que vous n'êtes pas allé ce printemps à Montmorency. Je crains que la suite d'une indisposition qu'on m'avait décrite comme légère, et dont je vous croyais rétabli, n'ait mis un obstacle à ce voyage. Permettez que je vous supplie de me faire écrire un mot sur votre état présent.

« Je sais qu'il faudrait toujours savoir se retirer avant que d'être importun, et qu'on y est obligé, du moins quand on sent qu'on l'est devenu. Mais, Monsieur le Maréchal, comme les sentiments que vous daignâtes cultiver ne peuvent sortir de mon cœur, je ne puis perdre non plus les inquiétudes qui en sont inséparables. Je serai discret désormais sur tout autre article, mais je ne puis me résoudre à l'être quand je suis en peine de votre santé. »

Le maréchal succomba, le 18 mai 1764, à un accès de goutte remontée. Le philosophe fut très affecté par cette mort; il exprima ses condoléances en ces termes à Mme de Luxembourg :

> « *Môtiers, le 5 juin* 1764.

« C'est en vain que je lutte contre moi-même pour vous épargner les importunités d'un malheureux : la douleur qui me déchire ne connaît plus de discrétion. Ce n'est pas à vous que je m'adresserais, Madame la Maréchale, si je connaissais quelqu'un qui eut été plus cher au digne ami que j'ai perdu. Mais, avec qui puis-je mieux déplorer cette perte qu'avec la personne du monde qui la sent le plus ? Et comment ceux qu'il aima peuvent-ils rester divisés? Leurs cœurs ne devraient-ils pas se réunir pour le pleurer ? Si le vôtre ne vous dit plus rien pour moi, prenez du moins quelque intérêt à mes misères par celui que vous savez qu'il prenait.

« Mais, c'est trop me flatter, sans doute : il avait cessé d'y en prendre, à votre exemple il m'avait oublié. Hélas ! qu'ai-je fait ? Quel est mon crime, si ce n'est de vous avoir trop aimés l'un et l'autre et de m'être apprêté ainsi les regrets dont je suis consumé ? Jusqu'au dernier instant, vous avez joui de sa plus tendre affection; la mort seule a pu vous l'ôter : mais moi, je vous ai perdus tous deux pleins de vie; je suis plus à plaindre que vous. »

La Roche, homme de confiance de Mme de Luxembourg, avait fait part à Rousseau de la mort du maréchal. Le philosophe lui répondit; sa lettre est pleine d'émotion et se termine par ces mots : « Adieu, Monsieur; dans le triste soin que vous venez de remplir envers moi, je suis touché que vous ne m'ayez point oublié : apprendre une si grande perte, uniquement par la voie publique, eut été une preuve trop cruelle que je ne tiens plus à rien dans cette illustre maison, que j'ai vue si florissante et où je fus si fêté. Quel heureux temps et quels changements ! Mon cœur navré se déchire à ces souvenirs. »

Dans une lettre adressée à son ami Deleyre, et datée de Môtiers-Travers, 3 juin 1764, Rousseau exprime, avec un accent vraiment douloureux, le chagrin que lui fait éprouver la mort du maréchal. « Mais, mon cher, dit-il, l'accablement où me jettent les maux du corps et de l'âme, et tout récemment la perte de M. de Luxembourg qui m'a porté le dernier coup, m'ôtent la force de penser et d'écrire. Vous le savez, j'avais pour amis tout ce qu'il y avait d'illustre parmi les gens de lettres; je les ai tous perdus pleins de vie; aucun, pas même Duclos, ne m'est resté dans mes disgrâces. J'en fais un parmi les grands : c'est celui qui se trouve à l'épreuve; et la mort vient de me l'ôter. Quel renversement d'idées ! Sur quels nouveaux principes faut-il donc remonter ma raison ? Je suis trop vieux pour supporter un tel bouleversement; je suis trop sensible pour philosopher uniquement sur mes pertes. Ma tête n'y est plus; je ne sens plus que mes douleurs, je ne vois plus qu'un chaos. Cher Deleyre, j'ai trop vécu. »

Dans les *Confessions*, Livre XII, Rousseau rend cet hommage à la mémoire du maréchal : « La perte de ce bon seigneur me fut d'autant plus sensible, que c'était le seul ami vrai que j'eusse en France; et la douceur de son caractère était telle, qu'elle m'avait fait oublier tout à fait son rang, pour m'attacher à lui comme à mon égal. Nos liaisons ne cessèrent point par ma retraite, et il continua de m'écrire comme auparavant. »

La lettre du proscrit à la Maréchale, en date du 5 juin, citée plus haut, révèle une grande détresse d'âme, comme en éprouvent parfois les natures douées d'une sensibilité prédominante qui les rend injustes et absorbés par leur malheur. Il n'est pas difficile de le comprendre, si on se rappelle l'hostilité infernale des pasteurs protestants contre laquelle il lui fallait se débattre (1). Les misérables ! Combien ils ont rendu ce grand homme malheureux ! Combien ils ont empoisonné sa vie ! Meurtri par leurs manœuvres de Tartuffes, il voyait toute chose sous les couleurs les plus sombres et confinant au désespoir. Ainsi, il se croyait oublié par la famille de Luxembourg, c'est-à-dire par les gens qui avaient su et savaient toujours le mieux l'aimer.

Lui, oublié. Pouvait-il se tromper à ce point ?

(1) Voir l'ouvrage de Fritz Berthoud : *J.-J. Rousseau et le pasteur de Montmollin,* 1762-1765 — Fleurier (Suisse), 1884.

Son souvenir, on ne peut en douter, resta cher au grand seigneur jusqu'à la fin, et plus cher encore peut-être à la Maréchale jusqu'à sa mort, en janvier 1787. Évidemment, ils ne pouvaient lui écrire tous les huit jours, et lui répéter incessamment qu'ils lui étaient dévoués, mais la correspondance échangée, les entretiens, les lectures de jadis, la convenance des esprits et des cœurs, avaient cimenté les relations et les sympathies si solidement que ni la séparation, ni le temps, ni le sifflement des reptiles du Parlement, des religions, et de la « coterie holbachique », ni les bûchers de Paris et de Genève brûlant l'*Emile*, ni les mensonges effrontés de Voltaire, ne pouvaient les altérer ou les rompre.

Jean-Jacques oublié ! La Maréchale en deuil dut comprendre combien cet ami tant choyé devait souffrir en son exil, quand elle reçut sa lettre, vraiment pénible, du 5 juin. Elle lui adressa cette belle, noble, et digne réponse :

« Paris, 10 juin 1764.

« C'était mes larmes que je voulais mêler aux vôtres. J'avais cru, dans mon malheur, n'avoir d'autre consolation que vous : au lieu de cela, Monsieur, il faut que je me justifie, et ce qu'il y a de plus affreux et de plus navrant, c'est de justifier M. de Luxembourg, qui vous aimait, vous estimait, et qui ne comptait pas avoir de meilleur ami que vous. Il est vrai qu'il a eu une maladie de quatre mois, mais dans laquelle il n'a pas cru mourir; cependant elle le mettait hors d'état d'écrire.

« Il me parlait de vous bien souvent; il disait que si vous étiez à Montmorency, vous viendriez vous établir ici. C'est vrai que je lui ai lu votre dernière lettre [du 21 avril], et il n'y a sorte de choses tendres et touchantes qu'il ne m'ait dites de vous. Repentez-vous un peu de l'injustice que vous avez faite à sa mémoire.

« Comme il est mort presque subitement, je vous assure qu'il n'était en état de penser à rien, les dernières heures de sa vie. Il vous aimait, je vous le répète, oui, il vous aimait de tout son cœur, et je vous assure que votre éloignement de Paris est une des choses qui lui ont fait le plus de peine et le plus de mal.

« Il y avait déjà longtemps que sa santé était dérangée. Il tomba malade fort peu de temps après votre départ. Je ne peux pas entrer dans le détail le plus abominable de sa maladie; quand vous le voudrez, La Roche vous le mandera. Imaginez-vous, Monsieur, que je ne l'ai pas quitté jusqu'à son dernier soupir, et ce que j'aime le mieux, c'est d'habiter la chambre où il est mort.

« Je vous remercie de ce que vous dites de lui dans une lettre qui est imprimée, c'est en peu de mots et bien touchant. Quant à ma justification, vous ne pouvez pas nier que c'est moi qui vous ai écrit la dernière et que vous ne m'avez pas fait de réponse. Il est vrai qu'il y a longtemps. Mon cœur est trop sûr et trop tendre pour que vous n'en soyez pas persuadé.

« Au nom de Dieu, dans mon terrible malheur, ne m'accablez pas par votre indifférence, et soyez sûr que je vous aimerai toujours du plus tendre de mon cœur. Je charge La Roche de vous mander ce qui regarde vos papiers. »

En recevant cette lettre d'une singulière éloquence, Rousseau dut avoir un sentiment plus net de la situation, comprendre mieux les devoirs de l'amitié, les ménagements qu'elle exige, les attentions délicates qui lui sont dues toujours. Lui, si susceptible, si habile dans la peinture des nuances du sentiment, il oublie quelquefois que les mêmes susceptibilités peuvent exister dans les amis qui s'intéressent à lui avec désintéressement, et dont lui-même a mis l'affection en mouvement et invoqué la commisération pour ses misères.

La lettre de la Maréchale fut une leçon dont il apprécia, je le veux croire, la délicatesse attristée. A n'en pas douter, il n'hésita pas à faire son *peccavi* et à se frapper la poitrine. Mais la blessure faite — involontairement, c'est entendu — à une âme d'élite comme Mme de Luxembourg, n'en existait pas moins, et ajoutait sa mélancolie à d'autres douleurs.

Voici sa réponse :

« *Môtiers, le* 17 *juin* 1764.

« Que mon état est affreux ! Et que votre lettre m'a soulagé ! Oui, Madame la Maréchale, la certitude d'avoir été aimé de M. le Maréchal, sans me consoler de sa perte, en adoucit l'amertume, et fait succéder à mon désespoir des larmes précieuses et douces dont je ne cesserai d'honorer sa mémoire tous les jours de ma vie. J'ose dire qu'il me la devait, cette amitié sincère que vous m'assurez qu'il eut toujours pour moi ; car mon cœur n'eut jamais d'attachement plus vrai, plus vif, plus tendre, que celui qu'il m'avait inspiré.

« C'est encore un de mes regrets que les tristes bienséances m'aient souvent empêché de lui faire connaître jusqu'à quel point il m'était cher. J'en puis dire autant à votre égard, Madame la Maréchale, et j'en ai pour preuve bien cruelle les déchirements que j'ai sentis dans la persuasion d'être oublié de vous. Mon dessein n'est point d'entrer en explication sur le passé. Vous dites m'avoir écrit la dernière ; nous sommes là-dessus bien loin de compte ; mais vos bontés me sont si précieuses que, pourvu qu'elles me soient rendues, je me chargerai volontiers d'un tort que mon cœur n'eut jamais, et qu'il saura bien vous faire oublier.

« Je consens que vous ne m'accordiez rien qu'à titre de grâce. Mais, si je n'ai point mérité votre amitié, songez, je vous supplie, que, de votre propre aveu, M. le Maréchal m'accordait la sienne. C'est en son nom, c'est au nom de sa mémoire qui nous est si chère à tous deux, que je réclame de votre part les sentiments qu'il eut pour moi, et que, de mon côté, je voue à la personne qu'il aima le plus tous ceux. que j'avais pour lui.

« Il est impossible de dire davantage. Je ne demande ni de fréquentes lettres, ni des réponses exactes; mais, quand vous sentirez que je dois être inquiet (et, quand on aime les gens, cela se devine), faites-moi dire un mot par M. La Roche et je suis content. »

Les amis séparés s'aiment toujours, mais le cadre de leur vie n'étant plus le même, ils sont entraînés par des courants souvent contraires, ils ne voient plus sous le même angle les événements qui se passent dans un milieu qui n'est plus le leur, ils les jugent avec des dispositions d'esprit créées par d'autres impressions, et ils peuvent devenir soit malveillants, soit injustes.

Le temps passe, les lettres charmantes qu'on s'écrivait au début, quand on était encore dans la même ambiance, deviennent plus rares, puis le ton change, chacun est sous l'empire de préoccupations nouvelles, d'inquiétudes, de projets, de tentatives, de démarches qu'amène l'évolution de l'existence, et l'intérêt qui s'y trouve attaché ne peut être le même pour celui qui en reçoit le choc direct, et pour celui qui, éloigné, en lit seulement le récit. La correspondance s'espace de plus en plus, on finit par ne s'écrire que pour des questions graves, des services urgents, puis la lumière s'éteint, l'amitié, l'affection n'est plus qu'un souvenir... Ah ! oui, autrefois, comme on s'aimait ! Comme on tenait l'un à l'autre ! Comme on était heureux de se voir, de s'écrire ! C'était le bon temps !

Telle fut l'histoire de la correspondance de Rousseau et de Mme de Luxembourg. Elle sûrement l'aurait maintenue. C'est le philosophe qui la laissa tomber, au milieu de la vie tourmentée qu'il dut mener quand il lui fallut quitter Môtiers-Travers, l'Ile Saint-Pierre, Strasbourg, puis s'embarquer pour l'Angleterre, en passant par Paris, à la fin de décembre 1765.

Paris ! Il y séjourna alors une bonne quinzaine, du 16 décembre au 3 janvier, d'abord chez la veuve Duchesne, ensuite chez le prince de Conti, au Temple. Put-il voir la Maréchale ? En éprouva-t-il le désir ? Nous ne le savons pas. Il était encore sous le Décret de prise de corps du Parlement, mais l'autorité fermait les yeux sur son passage dans la capitale. M. de Choiseul pourtant finit par donner des ordres pour son départ.

Le voilà en Angleterre : il y séjourne une année et cinq mois — 12 janvier 1766-22 mai 1767. Aucune trace de lettres de lui et de Mme de Luxembourg pendant cette période.

Toutefois, il parle d'elle à Mme de Verdelin dans une lettre du 5 février 1766, datée de Chiswich, séjour provisoire près de Londres. Il s'agit de Thérèse Levasseur, restée en Suisse, et qui doit venir le rejoindre en Angleterre. Voici ce qu'il dit à Mme de Verdelin :

« J'ai eu des nouvelles du départ [de Suisse], de Mlle Levasseur, mais je n'en ai aucune de son voyage et j'en suis extrêmement en peine. Elle doit loger [à Paris] chez Mme de Luxembourg, mais quelque court que soit son voyage à Paris, je suis sûr qu'elle n'aura pas manqué d'aller recevoir vos ordres. »

L'hospitalité de la Maréchale accordée à Thérèse avait certainement été précédée de quelques lettres de Rousseau et de l'aimable femme. Nous ne les connaissons pas.

Jean-Jacques revient en France, en mai 1767 : c'est le prince de Conti encore qui va lui donner un asile à Trye-Château, dans l'Oise. En attendant, il est abrité en secret à Fleury, près de Meudon, chez le marquis de Mirabeau. Il reste là quinze jours, du 5 au 21 juin 1767 : donna-t-il alors de ses nouvelles à la Maréchale ? Nous l'ignorons. Quoiqu'il en soit, dans les papiers de Neuchâtel, nous trouvons cette lettre de l'aimable femme, qui dut parvenir à Rousseau par l'entremise du prince de Conti :

« *Montmorency, juin 1767.*

« Est-il possible que vous soyez si près d'ici, et que je n'ose pas vous aller voir ? M. le prince de Conti ne le veut pas, il croit que cela peut être dangereux.

Je ne sais pas encore où vous êtes; je le saurai, car je le veux absolument, et il faudra que cela soit bien défendu, si je ne vous embrasse pas avant peu de temps.

« Mon Dieu, que tout ce qui vous est arrivé me fait de peine ! Je vous aime de tout mon cœur, et j'espère que vous n'en douterez jamais. Je vous supplie d'embrasser Mlle Levasseur de ma part. »

Cette lettre est la dernière de Mme de Luxembourg, qui nous soit connue. Elle prouve que son affectueux dévouement n'avait point changé, et restait le même après huit années. C'était, en effet, une femme de caractère.

Nous ne savons si, comme elle le désirait, elle rencontra Rousseau à Fleury-sous-Mendon, et ensuite au château de Trye, près de Gisors, où il séjourna un an à peine, du 21 juin 1767 au début de juin 1768. On peut supposer qu'une rencontre eut lieu, sous les auspices du prince de Conti. Ce qui nous porte à le croire, c'est la lettre que le philosophe lui adres a justement de Trye, le 16 août 1767. En voici le texte :

« *Trye, le* 16 *août* 1767.

« Je compte si parfaitement, Madame la Maréchale, sur la continuation de toutes vos bontés pour moi, que je viens y recourir avec la plus parfaite confiance, en vous suppliant d'obtenir de M. le prince de Conti la permission de quitter ce séjour, sans encourir sa disgrâce.

« J'ose désirer encore de savoir si le Gouvernement approuve, ou non, que je m'établisse dans quelque coin du royaume, où je puisse vivre et mourir en paix, sous la protection de son Altesse, où si je dois continuer ma route pour chercher un asile ailleurs.

« Je vous conjure, Madame la Maréchale, par une mémoire respectable et si chère à votre cœur, de vouloir prendre les informations nécessaires pour me tirer de l'incertitude où je suis, sur ce qu'il m'est permis de faire : car ma résolution est de n'accepter plus de logement gratuit chez personne. Le grand prince qui a bien voulu m'en accorder un sera mon dernier hôte, et je crois devoir à l'honneur qu'il m'a fait de n'en accepter plus de personne un semblable.

« Mais, pour oser me donner un asile indépendant, il faut, quelque obscur et reculé qu'il soit, et quelque incognito que je garde, que j'aie quelque sûreté d'y être laissé en paix. Ah ! Madame, que je vous doive le repos des derniers jours de ma vie ; il m'en paraîtra cent fois plus doux. »

Rousseau se serait-il décidé à envoyer cette lettre, qui est une requête, si toute relation entre l'excellente femme et lui avait cessé, s'il l'avait négligée depuis Môtiers-Travers, s'il ne lui avait point écrit d'Angleterre, soit de Trye, soit même plutôt s'il n'avait eu avec elle une ou plusieurs rencontres ?

Dans le même temps, le philosophe écrit à

Mme de Verdelin, mentionne sa lettre à la Maréchale du 16 août, et lui demande de l'informer, si elle le peut, sur les intentions du Gouvernement à son égard. Dans le cas où il quitterait Trye-Château, séjour désagréable pour lui, sera-t-il libre d'aller où il lui plaira ? Il dit :

« J'écris sur le même sujet à Mme la Maréchale de Luxembourg. Si j'avais osé, je vous aurais suppliée, Madame, de vous concerter avec elle ; mais comme il ne s'agit que de prendre une information sûre, je ne vois pas qu'il y eut d'inconvénient que cela se fît de deux côtés. »

Nous supposons donc que le philosophe et la Maréchale se revirent. Quoi qu'il en soit, le doux rayonnement de l'affection n'avait point disparu de l'âme du philosophe. Nous le savons par les lettres qu'il écrivit à Coindet, ou qu'il reçut de lui pendant le séjour de Trye (du 19 juin 1767 au début de juin 1768). Nous voyons là aussi combien il était toujours cher à Mme de Luxembourg.

François Coindet, né à Genève comme Rousseau, était employé à Paris dans la banque Thellusson et Necker. Plus jeune que l'écrivain de vingt-deux ans, il déploya pour lui rendre service, l'obliger suivant sa mesure, un dévouement actif et fraternel toujours en éveil : il en devenait même indiscret, mais les paroles dures parfois de son compatriote illustre ne ralentissaient point son zèle.

Arrivé le 5 juin 1767 à Fleury-sous-Meudon, chez

le marquis de Mirabeau, après avoir quitté l'Angleterre, et obligé à la plus grande prudence, car il était toujours sous le coup du Décret du Parlement, Rousseau écrit à Coindet à Paris, le 17 juin : « N'allez à Montmorency vous-même qu'au cas qu'il fasse beau... Informez-vous tout particulièrement de la santé de Mme la Maréchale. Que vous êtes heureux, vous allez revoir Montmorency ! Que n'y puis-je aller avec vous, et baiser le seuil de ces portes chéries où le meilleur et le plus aimé des hommes [le maréchal de Luxembourg] passa tant de fois ! Mais non, dans l'état où mon cœur brisé se trouve, je ne dois pas désirer cette vue, ma tête déjà faible ne la soutiendrait pas. »

Par une autre lettre, Jean-Jacques nous apprend pourquoi il n'écrit pas à la Maréchale. Il ne peut le faire sans y être autorisé par le prince de Conti, dans le château duquel il est logé, depuis le 19 juin, à Trye, près de Gisors, dans l'Oise. Coindet doit venir le voir, il lui écrit : « 3 *août* 1767... Ne manquez pas, je vous prie, de m'apporter des nouvelles de Mme la Maréchale. J'ai été bien des fois sur le point de lui écrire : mais, quoique je sois bien sûr que mon voyage ici n'était point un secret pour elle, je n'ai pas dû rompre même envers elle celui que m'a prescrit le Prince de Conti, sans la permission de Son Altesse. »

Combien il eut été heureux d'avoir une entrevue avec la Maréchale ! A la seule pensée de Montmorency, son cœur battait plus fort, un flot de souvenirs l'envahissait, le bonheur d'autrefois illuminait un moment son âme accablée... Hélas ! c'était le passé.

Mme de Luxembourg de son côté s'attendrissait en songeant à cet ami, ballotté par le sort, qu'elle savait si près de Paris, et qu'elle ne pouvait ni voir, ni obliger, sinon par des recommandations. Écoutons Coindet ; il écrit à Rousseau, le 17 août : « Mme la Maréchale, à qui j'avais remis votre lettre, prend beaucoup de part à vos peines, elle vous écrira, et n'épargnera sûrement rien pour engager Son Altesse [Conti] de vous continuer ses bontés et sa protection. »

Le 5 septembre, Coindet vigilant écrit au philosophe : « Je fus chez Mme la Maréchale qui arrivait. Elle me reçut fort bien, et me demanda avec empressement de vos nouvelles ; je lui en donnai de conformes aux circonstances, et la suppliai en votre nom d'ajouter ses bons offices auprès de Son Altesse et de M. le Duc de Choiseul, pour vous procurer un asile tel que vous le souhaitez. Elle me promit beaucoup ; nous verrons donc quel en sera l'effet. Certainement, je crois que le ministre ne lui refuserait pas une chose aussi raisonnable que celle que vous désirez. »

Rousseau voulait quitter Trye à tout prix ; inquiet, il désirait un sauf-conduit afin de se rendre soit en Angleterre, soit ailleurs. Il l'obtint du reste, la Maréchale sûrement ne fut pas étrangère à cette faveur qui de toute façon pouvait le rassurer sur les dispositions bienveillantes du pouvoir.

Le 1er janvier 1768, Coindet adresse au solitaire ces lignes qui durent lui être agréables : « J'ai vu jouer, il y a huit jours, le *Devin du Village* [à l'Opéra].

Mlle Arnoult jouait le rôle de Colin ; je n'en fus point content. Mais, vous l'auriez été de l'exécution de la musique qui fut toujours prodigieusement applaudie. Mme la Maréchale de Luxembourg y était en grande loge. »

N'était-ce point là, de la part de la grande dame, une marque suprême de fidèle amitié ! Elle pensait bien que le solitaire de Trye en recevrait la nouvelle.

La lettre du 16 août 1767, reproduite plus haut, est la dernière connue de l'écrivain à la Maréchale. Que se passa-t-il ensuite ? Lyon, Grenoble, Bourgoin, Monquin furent les étapes qui se succédèrent, après le départ de Trye, puis c'est le retour à Paris dans l'été de 1770, et l'installation rue Plâtrière, qui dura jusqu'au 20 mai 1778. Enfin, à cette date, il part pour Ermenonville où il meurt le 2 juillet de la même année.

Nous avons peine à croire que, pendant les huit dernières années de sa vie, qui se passent à Paris, le philosophe n'ait point revu la Maréchale. La rue Plâtrière, aujourd'hui rue Jean-Jacques-Rousseau, n'était pas éloignée de l'hôtel de Luxembourg, rue Saint-Marc. N'y retourna-t-il point ?

Je sais bien que, depuis le départ forcé de Montmorency, les misères de Môtiers-Travers allant jusqu'à une lapidation, la fuite obligée de l'Ile Saint-Pierre, l'exode en Angleterre, si plein de déceptions, les tribulations de Trye-Château, de Monquin, il vivait sous l'empire d'un terrible pessimisme, d'une défiance sans cesse en éveil qu'on a pu appeler le délire de la persécution. Il donnait à tout, actes et paroles du passé et du présent, une interprétation hostile, et il se regardait comme poursuivi par les furies de la raillerie, de l'ingratitude aveuglée, du mépris chargé d'insultes, de la haine.

Dans une lettre importante et remarquable, datée de Monquin, 26 février 1770, et adressée à M. de Saint-Germain, ancien militaire retiré à Bourgoin, et devenu son ami, il parle de la Maréchale en ces termes : « Mme la Maréchale de Luxembourg me hait, elle a raison. J'ai commis envers elle des balourdises, bien innocentes assurément dans mon cœur, bien involontaires, mais que jamais femme ne pardonne, quoiqu'on n'ait pas eu l'intention de l'offenser. Cependant, je ne puis la croire essentiellement méchante, ni perdre le souvenir des jours heureux que j'ai passés près d'elle et de M. de Luxembourg. De tous mes ennemis, elle est la seule que je croie capable de retour, mais non pas de mon vivant.

Je désire ardemment qu'elle me survive, sûr d'être regretté, peut-être pleuré d'elle après ma mort. »

Mme de Luxembourg le haïr ! On peut juger par cette supposition folle et attristante, quels ravages le noir soupçon avait fait dans cette âme puissante et pensante, soupçon angoissant qui lui faisait écrire à Coindet : « Mon jeune ami, plaignez-moi, plaignez cette tête grisonnante qui, ne sachant où se poser, va nageant dans les espaces, et sent, pour son malheur, que les bruits qu'on a répandus d'elle ne sont encore vrais qu'à demi. »

Le 23 novembre 1770, il écrivait à un correspondant, M. L. D. M., une lettre désolée où il donne carrière plus encore à ses terribles soupçons de malveillance. Il explique que, logé à Trye, dans un château du prince de Conti, il est en butte à des vexations de la part des serviteurs du prince, malgré tous les ordres donnés par lui, et que « poussé à bout, il a pris le parti de s'adresser à Mme de Luxembourg » : nous avons cité plus haut sa requête à la Maréchale, en date du 16 août 1767.

Il dit ensuite à M. L. D. M. : « Pour toute assistance, elle me fit faire de bouche une réponse assez sèche, très peu consolante, et qui ne répondait guère aux bontés dont ce prince [le prince de Conti] paraissait m'accabler. » La Maréchale n'avait point laissé sans réponse, on le voit, la requête du 16 août.

Emporté par les plus noires suppositions, Rousseau entre dans les détails, et dit encore à son correspondant : « Depuis très longtemps, et longtemps même avant le Décret [motivé par l'*Émile*], j'avais remarqué dans cette dame un grand changement de ton et de manières envers moi. J'en attribuais la cause à un refroidissement assez naturel de la part d'une grande dame, qui, d'abord s'étant trop engouée de moi sur mes écrits, s'en était ensuite ennuyée par ma bêtise dans la conversation, et par ma gaucherie dans la société. Mais il y avait plus, et j'avais trop d'indices de sa sécheresse pour pouvoir raisonnablement en douter... Je flottais pourtant toujours dans cette opinion, ne pouvant me persuader qu'une femme de ce rang, qui m'avait si bien connu, qui m'avait marqué tant de bienveillance et même d'empressement, la veuve d'un seigneur qui m'honorait d'une amitié particulière, put jamais se résoudre à me haïr assez cruellement pour vouloir travailler à ma perte. »

La suite de ces confidences nous fait comprendre que le philosophe eut encore, avant son départ de Trye, début de juin 1768, quelques rapports de correspondance, ou peut-être même d'entretiens, avec la Maréchale; il ajoute en effet : « Par trait de temps, et malgré quelques démonstrations affectées et toujours plus rares, les sentiments secrets de Mme de Luxembourg se manifestaient davantage de jour en jour. Cependant, craignant toujours d'être injuste, je ne cessai point de me confier à elle dans mes malheurs, quoique toujours sans réponse et sans succès. Enfin, en dernier lieu, ayant écrit à M. de Choiseul pour lui demander, dans l'extrémité où j'étais, un passe-port pour sortir du royaume, et n'ayant point de réponse, j'écrivis encore à Mme de Luxembourg, qui ne me fit aucune réponse non plus. Ce silence, dans la circonstance, me parut décisif, et j'en conclus que si cette dame n'entrait pas directement dans le complot, du moins elle en était instruite, et ne voulait m'aider ni à le connaître, ni à m'en tirer. »

C'est toujours l'idée fixe de la persécution, de l'universelle intention de lui nuire. La Maréchale dut faire auprès de M. de Choiseul la démarche utile, puisque, Rousseau le raconte plus loin, il reçut le passe-port qu'il sollicitait : il voulait alors retourner en Angleterre, projet qu'il abandonna. Ce fut vers Lyon et le Dauphiné qu'il dirigea sa course, en quittant Trye-Château.

Quelle tristesse on éprouve en voyant cette amitié si belle, née en 1759, sous les rayons magiques de la *Nouvelle Héloïse*, florissante jusqu'à la publication de l'*Emile*, entrer, à partir de juin 1762, dans une phase de décroissance, par la fatalité d'un exil, puis perdre son attrait, sa sève, n'avoir plus que quelques rameaux verdoyants qui finissent petit à petit par se dessécher !

L'arbre ne donne plus son vert feuillage, il meurt sous l'effort de la tempête. Il en est, hélas ! de l'amitié comme de l'amour. Tous deux finissent par des regrets, des souvenirs attendrissants, les amertumes de l'éloignement, les bras levés et l'âme perdue vers les mirages du passé.

CHAPITRE VI

VOLTAIRE — LA MARÉCHALE
J.-J. ROUSSEAU

*Hostilité de Voltaire contre Rousseau. — Sa cause principale.
— Une lettre où elle s'affirme. — Réserve de d'Alembert. —
Jean-Jacques renseigné traite vertement le patriarche. —
— Ruses de Voltaire pour détacher de son rival la Maréchale
de Luxembourg. — Elles sont inutiles. — Les Lettres
écrites de la Montagne. — Longue épître de Voltaire à la
Maréchale. — Ses mensonges. — Son effronterie.*

L'animosité de Voltaire contre Rousseau prit date
surtout après la publication, en 1758, de la *Lettre à
d'Alembert sur les Spectacles*, où l'auteur combattait
et condamnait le théâtre en général, et en particulier
le projet, cher au seigneur de Ferney, d'en établir
un à Genève. Voltaire devint tout à fait furieux, et
fit feu des quatre barricades contre Jean-Jacques.

On ne peut s'empêcher de rire aux éclats devant
cette frénésie du grand homme qui met tout son
esprit — et Dieu sait s'il en avait — à invectiver l'écrivain d'*Héloïse*, à lui donner la chasse sans répit par
des lettres journalières, des pamphlets anonymes

abjects, qu'il adresse à ses amis et fait répandre partout avec une infernale habileté.

Pour ne rappeler qu'un exemple, il écrivait à Damilaville, le 22 avril 1761 :

« A *Ferney, le 22 avril.*

« Je suis partisan de M. Diderot, parce qu'à ses profondes connaissances il joint le mérite de ne vouloir point jouer le philosophe, et qu'il l'a toujours été assez pour ne pas sacrifier à d'infâmes préjugés qui déshonorent la raison.

« Mais, qu'un Jean-Jacques, un valet de Diogène, crie, du fond de son tonneau, contre la comédie, après avoir fait des comédies (et même détestables); que ce polisson ait l'insolence de m'écrire que je corromps les mœurs de sa patrie; qu'il se donne l'air d'aimer sa patrie (qui se moque de lui); qu'enfin, après avoir changé trois fois de religion, ce misérable fasse une brigue avec des prêtres sociniens de la ville de Genève, pour empêcher le peu de Genevois qui ont des talents de venir les exercer dans ma maison (laquelle n'est pas dans le petit territoire de Genève) : tous ces traits rassemblés forment le portrait du fou le plus méprisable que j'aie jamais connu...

« Vous me trouverez un peu de mauvaise humeur; mais comment voulez-vous que je ne sois pas outré ? Je bâtis un joli théâtre à Ferney, et il se trouve un Jean-Jacques, dans un village de France, qui se ligue avec deux coquins, prêtres calvinistes, pour empêcher un bon acteur de jouer chez moi. Jean-Jacques prétend qu'il ne convient pas à la dignité d'un horloger de Genève de jouer *Cinna* chez moi avec Mlle Corneille. Le polisson ! le polisson ! S'il vient au pays, je le ferai mettre dans un tonneau, avec la moitié d'un manteau sur son vilain petit corps à bonnes fortunes. »

Voilà le ton du patriarche de Ferney. Rousseau, évidemment, ne s'en portait pas plus mal, mais toutefois ces lettres multipliées, communiquées, copiées, circulant partout, créaient et entretenaient autour de son nom et de son œuvre une atmosphère de raillerie mauvaise, de malveillance hargneuse, d'hostilité active.

Voltaire ne cessait guère d'adresser à ses amis de Paris, d'Argental, d'Alembert, Mme du Deffand, d'autres encore, des lettres analogues à celle que nous venons de citer, toutefois avec des variantes d'ironie et d'attaque, selon le caractère du destinataire. Ainsi, en écrivant à d'Alembert, il était moins débridé dans la forme, mais aussi vindicatif, sinon plus, dans le fond.

D'Alembert, il faut le dire à sa louange, n'aimait pas à se laisser enrôler dans cette campagne d'acrimonies sans fin contre le citoyen de Genève. Il ne lui était point dévoué, mais avait un certain respect pour son génie, témoin le passage suivant d'une lettre qu'il adressait à Voltaire, le 9 avril 1761 :

« Je viens à Jean-Jacques, non pas à Jean-Jacques Le Franc de Pompignan, *qui pense être quelque chose*, mais à Jean-Jacques Rousseau, qui pense être cynique, et qui n'est qu'inconséquent et ridicule. Je veux qu'il vous ait écrit une lettre impertinente, je veux que vous et vos amis vous ayez à vous en plaindre : malgré tout cela, je n'approuve pas que vous vous déclariez publiquement contre lui comme vous faites, et je n'aurai sur cela qu'à vous répéter vos propres paroles : *Que deviendra le petit troupeau, s'il est désuni et dispersé ?*

« Nous ne voyons pas que ni Platon, ni Aristote, ni Sophocle, ni Euripide, aient écrit contre Diogène, quoique Diogène leur ait dit à tous des injures. Jean-Jacques est un malade de beaucoup d'esprit, et qui n'a d'esprit que quand il a la fièvre. Il ne faut ni le guérir, ni l'outrager. »

Rousseau n'ignorait pas qu'il avait dans Voltaire un ennemi redoutable, mais il méprisait profondément ses attaques, et ne s'en inquiétait pas. En écrivant à un correspondant, le 28 mai 1764, il l'appelle « le plus ardent, le plus adroit de mes persécuteurs ». Nous trouvons d'ailleurs, dans quelques-unes de ses épîtres de vertes ripostes à l'adresse du patriarche.

Ainsi, le 29 janvier 1760, dans une lettre datée de Montmorency, et adressée à son fidèle disciple et ami, Moultou, de Genève, il s'exprime ainsi :

Vous me parlez de ce Voltaire ! Pourquoi le nom de ce baladin souille-t-il vos lettres ? Le malheureux

a perdu ma patrie; je le haïrais davantage si je le
méprisais moins. Je ne vois dans ses grands talens
qu'un opprobre de plus qui le déshonore par l'indigne
usage qu'il en fait. Ses talens ne lui servent, ainsi que
ses richesses, qu'à nourrir la dépravation de son
cœur. O Genevois! il vous paye bien de l'asile que
vous lui avez donné. Il ne savait plus où aller faire
le mal; vous serez ses dernières victimes. Je ne crois
pas que beaucoup d'autres hommes sages soient
tentés d'avoir un tel hôte après vous. »

Le 21 juillet 1762, il écrivait de Môtiers-Travers à
Mme de Luxembourg, en lui expliquant les persécutions qu'il avait à subir depuis la publication de
l'*Emile* : « C'est le polichinelle Voltaire et le compère
Tronchin qui, tout doucement derrière la toile, ont
mis en jeu toutes les autres marionnettes de Genève
et de Berne : celles de Paris sont menées aussi, mais
plus adroitement encore, par un autre arlequin que
vous connaissez bien. » Rousseau, je pense, veut
indiquer ici le duc de Choiseul.

Comme celles de Voltaire, les lettres de Rousseau
couraient le monde; le patriarche n'était pas sans les
connaître : les coups portés par la main nerveuse du
Genevois étaient cuisants pour son amour-propre,
sa colère en redoublait; aussi, se souvenant de ses
querelles avec Jean-Baptiste, et les rapprochant de
celles qu'il avait avec Jean-Jacques, le vieux geai
batailleur de Ferney écrivait-il plaisamment un jour :
« Ces Rousseau m'ont fait donner au diable ! »

Une pensée là-bas l'empêchait de dormir, celle du dévouement que la Maréchale de Luxembourg témoignait, sans se lasser, à l'auteur de la *Lettre à d'Alembert*. Ah ! que ne pouvait-il y porter atteinte ! Comment s'y prendre ? La Maréchale n'était pas une femme facile à endoctriner, elle avait du caractère, de la volonté; de plus, elle avait, elle aussi, la riposte vive, parfois même à l'emporte-pièce. Que faire ?

Voltaire possédait plus d'un tour dans son sac. Il se dit un matin qu'il pouvait toujours commencer par un éloge, et faire le bon apôtre, tel un chat rusé, qui guette un oiseau et fait semblant de contempler le paysage dans un demi-sommeil. La louange est presque toujours un bon terrain d'approche. Une occasion propice se présenta.

Mme du Deffand, nous l'avons vu, lui parla de la mort du maréchal de Luxembourg, survenue le 18 mai 1764. Rappelons ce qu'elle lui dit dans sa lettre du 29 mai : « Mme de Luxembourg est très affligée. Je serais bien aise de lui pouvoir montrer quelques lignes de vous qui lui marquassent l'intérêt que vous prenez à sa situation, et que vous partagez mes regrets. » Elle lui demande en même temps des consolations pour elle-même.

La réponse de Voltaire, en date du 4 juin, est d'une habileté consommée, citons de nouveau ce passage : « Vous cherchez des consolations; je suis persuadé que c'est vous qui en fournissez à Mme la Maréchale de Luxembourg. Je lui ai connu une imagination bien brillante, et l'esprit du monde le plus aimable;

j'ai cru même entrevoir chez elle de beaux rayons de philosophie : il faut qu'elle devienne absolument philosophe; il n'y a que ce parti-là pour les belles âmes. Voyez la misérable vie qu'a menée Mme la Maréchale de Villars dans ses dernières années; la pauvre femme allait au salut, et lisait en bâillant les *Méditations* du Père Croiset. »

Au fond, le vieux chat de Ferney engageait Mme de Luxembourg à s'embrigader parmi les philosophes de l'Encyclopédie, la « coterie holbachique », c'est-à-dire parmi les pires ennemis de Rousseau. Il se disait : Nous finirons bien par prendre cette maréchale au trébuchet.... Jean-Jacques alors sera complètement frit !

La Maréchale ne fut pas dupe de la ruse, quoi qu'elle fut enguirlandée de fleurs. Elle n'aimait pas Voltaire, bien qu'elle admirât son prodigieux esprit; elle devinait en lui une bassesse de domestique qui répugnait au sentiment de l'honneur qu'elle tenait de sa race. Le 17 juin 1764, Mme du Deffand, nous l'avons vu, écrit au patriarche : « J'ai fait lire à Mme de Luxembourg ce que vous m'avez écrit pour elle; cela a été reçu *cosi cosi*. Vous êtes, dit-elle, le plus grand ennemi de Jean-Jacques, et elle se pique d'un grand amour pour lui. »

Voltaire comprit qu'il ne fallait pas insister, du moins pour le moment, il se replia sur ses positions, rentra sous sa tente, et attendit. Le 1er juillet 1764, il écrivait à la vieille aveugle : « Vous avez vu, Madame, par une de mes lettres, que le caractère de Jean-

Jacques est aussi inconséquent que ses ouvrages. J'espère que Mme la Maréchale de Luxembourg me rendra la justice de croire que je ne hais point un homme qu'elle protège, et que je suis bien loin de persécuter un homme à plaindre. Il n'a même été persécuté que pour des sentiments qui sont les miens, et je serais une âme bien sotte et bien noire de vouloir avilir une philosophie que j'aime, et de faire punir un homme accusé précisément des choses qu'on m'impute. »

C'était assurément très adroit d'essayer ainsi d'effacer dans l'esprit de la Maréchale — qui sûrement lirait sa lettre — l'impression accentuée qu'elle avait de son hostilité contre Jean-Jacques; mais combien le patriarche était peu sincère ! Ses paroles au fond sont écœurantes, aussi Mme de Luxembourg, qui lisait dans son âme, le sentit et ne se laissa pas prendre.

Quelques mois s'écoulèrent. Rousseau, polémiste terrible à ses heures, envoya sur le dos de ses persécuteurs de Genève, membres du Grand Conseil, ministres du Saint-Évangile, procureur général-Tronchin, et Voltaire par surcroît, cette volée de bois vert formidable qu'on appelle *Lettres écrites de la Montagne* (1764).

Le vieux geai batailleur n'y tint plus, il redressa sa huppe, et se mit en campagne. Il n'oublia pas la Maréchale de Luxembourg, et il lui adressa une longue lettre qui rentre tout à fait dans le cadre de cette étude; elle renferme de beaux mensonges; la voici :

[*Ferney*], 9 *janvier* 1765.

MADAME,

L'honneur que j'ai eu de vous faire ma cour plusieurs années, vos bontés, mon respectueux attachement, me mettent en droit d'attendre de vous autant de justice que vous accordez de protection à M. Rousseau de Genève.

Il publie un livre [*Lettres écrites de la Montagne*] qui jette un peu de trouble dans sa patrie: mais qui croirait que dans ce livre il excite le Conseil de Genève contre moi ? Il se plaint que ce Conseil condamne ses ouvrages, et ne condamne pas les miens; comme si ce Conseil de Genève étaii mon juge. Il me dénonce publiquement, ainsi qu'un accusé en défère un autre. Il dit que je suis l'auteur d'un libelle intitulé *Sermon des Cinquante*, libelle le plus violent qu'on ait jamais fait contre la religion chrétienne, libelle imprimé, depuis plus de quinze ans, à la suite de l'*Homme machine* de La Mettrie (1).

Est-il possible, Madame, qu'un homme qui se vante de votre protection joue ainsi le rôle de délateur et de calomniateur ? Il n'est point d'excuses, sans doute, pour une action si coupable et si lâche, mais quelle peut en être la cause? La voici, Madame.

Il y a cinq ans que quelques Genevois venaient chez moi représenter des pièces de théâtre; c'est un exercice qui apprend à la fois à bien parler et à bien prononcer, et qui donne même de la grâce au corps comme à l'esprit. La décla-

(1) Voltaire ici ment sans pudeur. Le *Sermon des Cinquante* était bien son œuvre, et parut en brochure en 1762. Il y eut une édition portant la date de 1749, mais cette date était fausse. Voltaire tenait à lancer ce pamphlet sans se compromettre. L'édition de 1762, la vraie. pouvait passer pour une réimpression de la soi-disant édition de 1749, La ruse est facile à saisir. Ce n'est pas Rousseau qui eut employé de pareils procédés.

mation est au rang des beaux-arts. M. d'Alembert alors fit imprimer dans le *Dictionnaire Encyclopédique*, un article sur Genève, dans lequel il conseillait à cette ville opulente d'établir chez elle des spectacles. Plusieurs citoyens se récrièrent contre cette idée; on disputa, la ville se partagea. M. Rousseau, qui venait de donner un opéra et des comédies à Paris, écrivit de Montmorency contre les spectacles.

Je fus bien surpris de recevoir alors une lettre de lui conçue en ces termes : « Monsieur, je ne vous aime point; vous corrompez ma République, en donnant chez vous des spectacles. Est-ce là le prix de l'asile qu'elle vous a donné. » (1)

Plusieurs personnes virent cette lettre singulière; elle l'était trop pour que j'y répondisse; je me contentai de le plaindre; et même en dernier lieu, quand il fut obligé de quitter la France, je lui fis offrir pour asile cette même campagne qu'il me reprochait d'avoir choisie près de Genève. Le même esprit qui l'avait porté, Madame, à m'écrire une lettre si outrageante, l'avait brouillé en ce temps-là avec le célèbre médecin, M. Tronchin, comme avec les autres personnes qui avaient eu quelques liaisons avec lui.

Il crut qu'ayant offensé M. Tronchin et moi, nous devions le haïr; c'est en quoi il se trompait beaucoup. Je pris publiquement son parti quand il fut condamné à Genève; je dis hautement qu'en jugeant son roman d'*Emile*, on ne faisait pas assez d'attention que les discours du Vicaire savoyard, regardés comme si coupables, n'étaient que des doutes auxquels ce prêtre même répondait par une résignation qui devait désarmer ses adversaires; je dis que les objections de l'abbé Houteville contre la religion chrétienne sont beaucoup plus fortes et ses réponses beaucoup plus faibles; enfin je pris la défense de M. Rousseau.

(1) Voltaire cite ici la lettre que Rousseau lui écrivit de Montmorency le 17 juin 1760, mais il la dénature à dessein. Dans cette lettre, Jean-Jacques ne parle nullement des *spectacles que Voltaire pouvait donner chez lui.*

Cependant, M. Rousseau vous dit (1), Madame, et fit même imprimer (2) que M. Tronchin et moi nous étions ses persécuteurs. Quels persécuteurs qu'un malade de soixante et onze ans, persécuté lui-même jusque dans sa retraite, et un médecin consulté par l'Europe entière, uniquement occupé de soulager les maux des hommes, et qui certainement n'a pas le temps de se mêler dans leurs misérables querelles !

Il y a plus de dix ans que je suis retiré à la campagne, auprès de Genève, sans être entré quatre fois dans cette ville; j'ai toujours ignoré ce qui se passe dans cette République; je n'ai jamais parlé de M. Rousseau que pour le plaindre. Je fus très fâché que M. le marquis de Ximénez l'eut tourné en ridicule (3).

J'ai été outragé par lui, sans lui jamais répondre; et aujourd'hui il me dénonce juridiquement, il me calomnie dans le temps même que je prends publiquement son parti. Je suis bien sûr que vous condamnez un tel procédé, et qu'il ne s'en serait pas rendu coupable s'il avait voulu mériter votre protection.

Je finis, Madame, par vous demander pardon de vous importuner de mes plaintes; mais voyez si elles sont justes, et daignez juger entre la conduite de M. Rousseau et la mienne.

Agréez, le profond respect et l'attachement inviolable avec lequel je serai toute ma vie, Madame...

(1) Allusion à la lettre de Rousseau à la Maréchale, en date du 21 juillet 1762. Nous l'avons citée.

(2) Allusion à la lettre de Rousseau à X..., du 28 mai 1764. Nous l'avons citée de même.

(3) Voltaire ici fait preuve d'une singulière effronterie. Il avait écrit lui-même et publié quatre *Lettres sur la Nouvelle Héloïse*, pleines de grossières injures contre Rousseau, sous le nom du marquis de Ximénez, ancien amant de Mme Denis, sa nièce. Elles avaient paru en 1761. Ximénez « n'avait fait aucune difficulté d'y mettre son nom » comme l'écrivait Voltaire à Damilaville, le 18 février 1761.

Je ne peux avoir l'honneur de vous écrire de ma main,
étant presque entièrement aveugle.

Nous avons fait ressortir dans quelques notes
les mensonges et l'effronterie de Voltaire, qui trouve
le moyen, dans cette lettre, de faire de la réclame à
ses propres libelles, écrits de sa main, le *Sermon des
Cinquante*, *Lettres sur la « Nouvelle Héloïse »*, qu'il
attribue à d'autres, et qu'il fait semblant de blâmer
avec ambiguïté. En signalant le dernier à la Maréchale,
il veut lui apprendre que Rousseau a été tourné en
ridicule, au sujet de la *Julie*, et il espère porter ainsi
un coup sûr à l'admiration que Mme de Luxembourg
professait pour cet ouvrage. Quel vieux coquin !

Il était loin de son compte : la Maréchale, qui avait
lu ce libelle sur l'*Héloïse*, envoi de Voltaire, à n'en
pas douter, l'avait jugé avec son bon sens habituel.
Nous avons cité ce qu'elle écrivait à Rousseau à ce
propos, en juin 1761 ; elle traite le marquis de Ximénez
de « faquin » et met en relief « la basse jalousie » de
Voltaire.

Nous ne savons si Mme de Luxembourg répondit à
la lettre du patriarche. Dans le cas de l'affirmative,
elle dut lui faire comprendre que ses diatribes et ses
ruses étaient bien inutiles, et que son dévouement à
Rousseau n'avait pas de leçons à recevoir. Si elle
ne répondit pas, son silence fut plus significatif
encore. Quoi qu'il en soit, nous ne trouvons aucune
autre lettre adressée à la Maréchale dans la vaste,
l'immense correspondance de Voltaire.

Chapitre VII

L'AUTOMNE DE LA VIE

Mariage d'Amélie de Boufflers, petite-fille de la Maréchale. — Les amitiés cultivées. — Les trois Boufflers, duchesse, marquise, comtesse. — Petits vers de Voltaire. — Le premier voyage de la Maréchale au château de Chanteloup. — Embarras d'abord de Mme de Choiseul. — Bientôt, enchantement général. — Le château de Chanteloup. — Vie mondaine de la Maréchale. — Elle va à Chanteloup deux fois par an. — Un cadeau d'étrennes à Mme du Deffand. — Séjour de repos à Auteuil chez la Minerve savante. — Bonnes œuvres et pratiques pieuses des dernières années. — La fin. — La Maréchale, comme Rousseau, avait l'âme sentimentale et religieuse, de là son affection pour lui.

Jugement d'ensemble sur sa vie, et la place qu'elle a tenue dans le XVIIIe siècle.

En 1766, la Maréchale maria sa petite-fille, Amélie de Boufflers, avec Armand-Louis de Gontaut de Biron, duc de Gontaut, plus connu sous le nom de duc de Lauzun : il avait dix-neuf ans et deux mois. La mariée, née le 5 mai 1751, était âgée de quinze ans.

Mme de Luxembourg, qui avait le goût et les talents de l'éducation, avait donné les plus grands soins à celle de sa petite-fille. Les témoignages sont unanimes pour lui rendre hommage à cet égard.

Ce butor de Besenval lui-même ne peut s'empêcher de s'y associer. « Je ne lui connais qu'un seul mérite, dit-il, c'est la manière dont elle a élevé sa petite-fille : il est vrai qu'elle a trouvé un excellent fonds, mais on ne peut disconvenir qu'elle ne soit un chef-d'œuvre d'éducation et la femme la plus parfaite qu'on ait connue. »

Marier cette enfant devenait donc pour elle un grand événement. Ce fut le mardi, 4 février 1766, que la cérémonie eut lieu dans la chapelle de l'Hôtel de Luxembourg, 16, rue Saint-Marc.

En l'honneur de sa chère Amélie, la Maréchale donna une grande fête qui eut un éclat extraordinaire; toutes les dames de la cour y assistèrent, parées comme pour le mariage d'un prince. La duchesse de Choiseul, tante de Lauzun, l'emporta, paraît-il, par la richesse et l'élégance de sa toilette. Le soir, elle offrit un grand dîner à la famille qui comptait les noms les plus illustres.

Ce mariage, on le sait trop, ne fut pas heureux. Lauzun n'aimait pas sa femme, bien qu'elle eût de précieuses qualités; il l'avait épousée pour obéir à la volonté de son père. Il la trompa bientôt et devint un héros d'aventures galantes; sa vie fut longtemps, pour ne pas dire toujours, celle d'un grand séducteur. Une fin tragique termina sa carrière.

Officier courageux, il embrassa la cause de la

Révolution, et devint commandant en chef des armées de la République. On ne tarda pas à le soupçonner; il fut déclaré suspect, et envoyé devant le tribunal révolutionnaire qui le condamna à mort. Il fut guillotiné le 11 nivôse an II, 31 décembre 1793, âgé de quarante-six ans. Sa malheureuse femme eut le même sort, et monta sur l'échafaud le 9 messidor an II, 27 juin 1794, âgé de quarante-trois ans : son dernier domicile était rue de Lille.

Revenons en arrière. Nous ne sommes qu'en 1766, les tempêtes politiques et sociales qui couvent dans les esprits, sont loin d'éclater encore; quelques nuages, il est vrai, passent çà et là dans l'azur du ciel, et inquiètent quelques âmes douées de pénétration, mais « le plaisir de vivre » fait tout oublier; la société marche vers l'avenir en souriant et en faisant des mots d'esprit. « Après nous le déluge ! » disait Louis XV, parole bien caractéristique de son temps. Le *déluge*, en effet, allait venir, et donner raison au pressentiment du roi : de 89 à 93, il s'affirmera à tel point que, dans une lame de fond, il emportera la monarchie avec le monarque, et créera une série de bouleversements qui n'est pas épuisée.

La mort de son mari avait créé un grand vide dans l'intimité de Mme de Luxembourg. Le mariage de sa petite-fille l'accentuait encore. La fête qu'elle avait donnée en la circonstance fut une de ses dernières grandes manifestations mondaines. Certes, elle se répand encore, elle reçoit toujours, mais peut-elle avoir le même entrain qu'autrefois ? La jeunesse est loin, elle aura bientôt soixante ans, l'apaisement se fait en elle comme il se fait dans la nature, à la fin d'un beau jour, quand les ombres s'allongent, quand vient le soir.

Ah ! fuite rapide des années ! Où sont maintenant les séjours fortunés de Montmorency, ces villégiatures charmantes, ces beaux matins où un philosophe venait lui lire ses chefs-d'œuvre frais éclos; où parvenue « au milieu du chemin de la vie », comme dit Dante, elle était dans la plénitude du bonheur !

Pour Rousseau aussi, c'était là des jours heureux. Que devient-il aujourd'hui ? Ballotté par le malheur, aigri, meurtri par une hostilité brutale qui de partout le poursuit et l'enveloppe, il traverse les années les plus pénibles de son existence. Montmorency doit-il jamais le revoir? La Maréchale songe à tout cela; pensive, elle se remémore le passé, et s'attriste au souvenir des printemps révolus, de l'enthousiasme, de la joie sentimentale et intellectuelle que Jean-Jacques avait fait rayonner en elle.

Elle se plaisait à s'entretenir de cette période, si intéressante pour elle, avec sa cousine de Lunéville, la marquise de Boufflers, l'amie de Stanislas, qu'elle aimait beaucoup et de longue date, et qui, dans ses voyages de Paris, pendant la belle saison, ne manquait pas de lui rendre visite à Montmorency, et y séjournait même parfois assez longtemps.

Mme de Luxembourg avait aussi beaucoup d'affection pour son autre cousine, la comtesse de Boufflers, l'amie du prince de Conti, l'Idole du Temple. Nous la verrons, dans ses dernières années, séjourner à Auteuil avec elle, dans une propriété magnifique.

Par leur esprit, leur intelligence, leur élégance, leurs multiples attraits, bref par le prestige de leur beauté, par je ne sais quelle auréole de leurs amours, et aussi par leur amitié affirmée, ces trois femmes faisaient honneur au nom de Boufflers : la Maréchale, nous le savons, l'avait crânement porté. Toutes trois l'ont inscrit au Livre de Mémoire, toutes trois ont reçu l'hommage des critiques, comme Sainte-Beuve, et des historiens, comme le comte d'Haussonville, Gaston Maugras et d'autres.

Vraiment elles ont le charme : l'une, la marquise, fut l'amie de Voltaire; elle en reçut des lettres charmantes, comme lui seul en savait écrire dans ses bons moments; la comtesse, d'autre part, et la duchesse devenue Maréchale furent les amies dévouées de Rousseau. Leur souvenir reste attaché à ces grands noms de la pensée, leur silhouette se profile dans l'ombre du patriarche de Ferney et du citoyen de Genève.

Quand Rousseau fut mort, Mme de Luxembourg et la Minerve Savante durent faire ensemble, nous le répétons, le pèlerinage d'Ermenonville. Je les vois, s'avançant sous les ombrages du parc, et se dirigeant vers le tombeau de l'Ile des Peupliers. Comme leur âme allait vers lui ! Comme elles plaignaient sa destinée ! Comme elles l'aimaient toujours !

Cultiver l'amitié fut la noble occupation du dernier cycle de la vie de Mme de Luxembourg. Nous avons vu qu'elle s'était attachée à Mme du Deffand, et avait fini par conquérir sa sympathie et peut-être même son affection, enfermée, cachée derrière un solide rempart de scepticisme. La vieille aveugle avait souvent la dent dure dans sa correspondance avec ses amis, Walpole, Voltaire et autres, mais elle savait aussi montrer des attentions délicates et ne négligeait pas une occasion de faire plaisir. On reconnaît dans ses actes la politesse de l'ancien temps.

Ainsi, le 9 décembre 1770, elle écrit à Voltaire : « Je vais vous faire une proposition, la plus ridicule du monde, et que vous trouverez peut-être la plus impertinente. Je suis dans l'habitude de donner des étrennes à Mme de Luxembourg; celles de cette année seront la *Bibliothèque Bleue* [recueil, en vieux langage, de contes, de romans], dont on vient de faire une nouvelle édition en beau langage; je serais charmée si vous aviez la complaisance de me faire un joli envoi [de vers] sérieux ou comique, tout comme il vous plaira. Si vous m'accordez cette grâce, il ne faut pas perdre un moment. Je prierai Dieu pour vous, et vous aimerai encore plus que je ne vous aime, s'il est possible. »

Voltaire ne se souciait certainement pas d'accoupler quelques rimes pour la Maréchale, qu'il savait attaché à Rousseau, mais il était prodigue de « sa vieille eau bénite de cour », et il répondit le 16 décembre à Mme du Deffand : « Vous voulez des vers pour la *Bibliothèque Bleue;* vous vous adressez très bien, en voici qui sont dignes d'elle :

La *Belle Maguelonne* avec Robert le Diable
Valaient peut-être au moins les romans de nos jours :
Ils parlaient de combats, de plaisirs et d'amours.
Mais tout ce papier bleu, quoique très estimable,
    N'est plus regardé qu'en pitié;
Mon cœur en a senti la cause véritable :
    On n'y. parle point d'amitié.

Il avait mis un peu de vinaigre dans son eau bénite. Toutefois Mme du Deffand trouva ces « petits vers fort jolis » et répondit qu'elle les joindrait à son cadeau.

L'événement important de 1771, pour la Maréchale, et aussi pour la haute société, attentive à ses faits et gestes, fut la visite qu'elle rendit pendant l'automne au duc de Choiseul, ministre disgrâcié, exilé dans son château de Chanteloup. Nous en avons parlé déjà; il est bon d'y revenir. Signalons auparavant un souper offert en l'honneur de notre héroïne, le 9 mars, par le prince héréditaire de Suède, qui bientôt allait s'appeler Gustave III : le souper avait été très remarqué.

Mme de Luxembourg était redoutée, on le sait, à cause de ses bons mots, de ses réparties ironiques, de son esprit porté à l'attaque. Aussi, quand elle arriva à Chanteloup, Mme de Choiseul, nature paisible, indulgente, résignée, était-elle un peu effarouchée, bien que très flattée de cette visite. La Maréchale s'était beaucoup réformée au point de vue du caractère, comme à celui de ses entraînements de jeunesse. Elle se montra, à Chanteloup, pleine de douceur, d'amabilité ; elle s'efforçait de plaire à tous, et n'avait pas de peine à y réussir. « Elle devient un vrai agneau, écrira bientôt Mme du Deffand : réellement elle est changée en bien à ne pas la reconnaître. L'éducation que l'on donne (1) en devient une pour soi-même. »

Mme de Choiseul n'était pas débarrassée encore de ses impressions anciennes ; elle écrit : « Malgré la patte de velours qu'elle me montre toujours, je ne puis me défendre de la crainte de la griffe dont on a tant parlé, et cette crainte me donne une contrainte insurmontable et vraiment insupportable. » La Maréchale était souvent surnommée « la chatte rose ».

De nombreux invités se trouvaient à Chanteloup avec Mme de Luxembourg. Citons sa petite-fille et Lauzun, le duc de Gontaut, les Choiseul-Labaume, Choiseul-Gouffier, et Choiseul d'Aillecourt, la duchesse de Gramont, sœur de M. de Choiseul, un peu tyrannique dans la maison, car elle veut tout diriger. Cette dernière est au mieux avec Mme de Luxembourg, elle sait lui tenir tête. Combien Mme de Choiseul envie le laisser-aller, l'entrain de sa belle-sœur ! Quelle lettre navrante elle écrit à Mme du Deffand ! Nous pouvons juger par ce document de l'ascendant de la Maréchale :

« Elle doit me trouver fort bête, dit cette pauvre Choiseul. Je ne parle pas, parce que ma contrainte

____

(1) Allusion à l'éducation d'Amélie de Boufflers.

est telle qu'il ne me vient pas une idée; ou si je veux parler pour être de quelque chose, je ne fais que répéter les derniers mots de la dernière phrase de Mme de Gramont. Quand je m'aperçois de ce ridicule, je veux le réparer en disant quelque chose de moi, et comme je ne peux pas exprimer ce que je veux dire, je reste court au milieu de ma phrase.

« Si la Maréchale m'interpelle en disant : « Madame, « ne pensez-vous pas cela ? ». Mes réponses sont : « Oui, assurément, Madame la Maréchale a bien rai- « son, je suis de l'avis de Madame la Maréchale ! » D'autres fois elle me dit : « Madame, que pensez- « vous de cela ? » Alors, l'embarras est extrême, parce qu'il faut absolument avoir un avis et avoir le sien, et je suis absolument comme M. Gobe-Mouche : « Je pense que oui, mais cependant... je crois... »

« Au bout du demi-quart d'heure, l'heureuse bavarderie de la comtesse de Gramont vient me tirer d'affaire. Enfin, je ne finirais pas à vous raconter toutes mes bêtises, et si vous en étiez témoin, vous mourriez de honte d'avoir une grand'mère aussi bête (1). Pour Mme de Gramont, elle est aussi à son aise avec la Maréchale que si elles eussent passé leur vie ensemble, et par conséquent elle est très aimable et plaira sûrement beaucoup. »

La Maréchale finit par enchanter les hôtes et les invités de Chanteloup : on s'était alarmé bien à tort.

----

(1) Par une ironie amusante, Mme du Deffand appelait Mme de Choiseul, beaucoup plus jeune qu'elle, sa grand'mère.

Elle avait su conquérir très vite les cœurs et les esprits et chacun pensait et aurait pu dire ce qu'un historien écrira plus tard : « Elle avait un visage si noble et si régulier, une attitude si digne et une si parfaite amabilité qu'on l'écoutait avec un plaisir inexprimable. »

Quand elle parla de son départ, on s'empressa autour d'elle pour la retenir, elle résistait, mais elle finit par céder aux prières de sa petite-fille, et prolongea son séjour, qui d'abord ne devait durer que huit jours, et qui, en réalité, fut d'environ trois semaines ou un mois. Quand enfin elle décida de s'en aller, tous lui firent promettre de revenir. Elle s'y engagea, et tint d'ailleurs fidèlement sa promesse. Chanteloup devait la revoir.

Mme de Choiseul s'était remise de ses frayeurs, de ses embarras de conversation. Elle avait retrouvé sa grâce, son entrain, son sourire auprès de la séductrice. Elle était conquise définitivement. Au moment du départ, elle écrivait à Mme du Deffand ces paroles touchantes : « Non assurément, nous ne vous renvoyons pas Mme la Maréchale de Luxembourg, mais nous ne pouvons la retenir. Si nous avions des droits pour l'arrêter, il faudrait venir nous l'enlever. Plus elle prolonge ses voyages, et plus elle vous prépare de regrets à son départ. »

A son retour à Paris, fin novembre 1771, l'aimable voyageuse, retrouvant son entourage, fit à tout le monde un éloge sans réserve des Choiseul et de la société de Chanteloup. Mme du Deffand, après l'avoir entendue, écrit là-bas à Mme de Choiseul : « Elle parle à merveille de son séjour chez vous, elle se loue de tout, elle approuve tout, elle a été contente de tout, mais de vous plus que de tout; elle est, comme vous savez, livrée à corps et esprit perdus à tous les princes. On démêle qu'elle n'est pas pleinement satisfaite sur la considération qu'elle en voudrait tirer. Je jouis d'une sorte de plaisir qui est d'observer l'orgueil et la vanité de tout le monde; il n'y a presque personne qui ne prétende à jouer un rôle; il y a peu de bons acteurs. »

« Je jouis d'une sorte de plaisir qui est d'observer l'orgueil et la vanité de tout le monde... » Aveu précieux pour le psychologue. Mme du Deffand est là tout entière. C'est, hélas ! la seule joie qui reste à la pauvre vieille : elle est à plaindre. Combien nous aimerions mieux la voir dédaigner plutôt les laideurs de la société, et s'attacher à l'attrait que portent en eux quelques êtres d'élite ! Il y a une fleur de beauté dans certaines âmes : il la faut comprendre, puis la chercher, la deviner, la saisir. Certes, elle est rare, et parfois cachée. On la trouve cependant, si on porte en soi l'heureuse passion de cette beauté, de cette poésie de l'âme humaine.

Mme de Luxembourg se plaisait à décrire à ses amis le charme de l'immense domaine de Chanteloup, qu'elle avait su apprécier avec son goût éclairé et toujours en éveil. Le sujet prêtait à d'agréables causeries. Entre une immense forêt et la Loire, le château se détachait sur un point élevé, près d'Amboise. L'ensemble « avait la plus grande allure, dit Gaston Maugras. Les avenues et les pièces d'eau magnifiques, les cours immenses, les jardins couverts de fleurs, les allées ombragées faisaient de Chanteloup une demeure vraiment délicieuse; on y avait réuni tout ce que l'imagination peut inventer d'agréments et de plaisirs. »

Choiseul avait acquis le domaine en 1761, de Jean d'Aubigny, qui le tenait de la princesse des Ursins. Le château comprenait un immense corps de logis, flanqué de deux pavillons formant les ailes. L'ameublement, les décorations, les objets d'art, les points de vue faisaient de l'intérieur un lieu d'enchantement qui s'harmonisait avec les personnages de haut rang et de haute culture qui, de tous les points du royaume, venaient rendre visite au ministre disgrâcié.

Gaston Maugras donne ces curieux détails sur la vie matérielle du château : « On mangeait à Chanteloup trente moutons par mois, quatre mille poulets par an, plus de trois cents livres de pain par jour, et encore la domesticité, à part celle du château, n'était pas nourrie. »

Grâce aux lettres de Mme du Deffand adressées à Walpole, nous pouvons suivre la Maréchale jusqu'en 1780, dans les déplacements et le va-et-vient de sa vie mondaine. En 1771, à l'époque où nous la voyons revenir de Chanteloup, elle a soixante-quatre ans, et conserve une belle activité. Presque chaque jour, elle fait une visite à la vieille aveugle, son aînée de dix années, qui, elle non plus, n'abdique pas, et continue, malgré son âge et son infirmité, à fuir la solitude, à recevoir, à donner à souper, à accepter les invitations, à aller au théâtre, à se tenir au courant de tout, à faire face à une correspondance suivie avec Voltaire, Walpole, Mme de Choiseul, et d'autres.

Voici un aperçu de ses mouvements d'élégance, au milieu de la société parisienne. Le 3 décembre 1771, elle soupe chez Mme du Deffand.

Au commencement de février 1772, son entourage lui fait des condoléances sur la mort de *Madame Brillant*, sa chatte bien-aimée, qui passa de vie à trépas, âgée de quinze ans, « événement important », dit la vieille aveugle. Au mois d'avril, elle est à l'Isle-Adam, chez le prince de Conti. Le 28 avril, la Maréchale se mettait en route pour Chanteloup qui l'attirait, et où les Choiseul la désiraient : c'était là-bas son second voyage que six mois à peine séparaient du premier. « Rien n'est plus étonnant, mais rien ne doit étonner d'elle », écrit Mme du Deffand, toujours un peu jalouse au fond. Ce séjour dura jusqu'au 20 mai; Mme de Choiseul écrit : « La *chatte rose* est tout aussi douce et aussi aimable que l'année passée. »

La belle saison arrive, Mme de Luxembourg gagne Montmorency qui, malgré les amis, les amies qui la viennent voir — la marquise de Boufflers entre autres — lui semble un séjour vide, plein de souvenirs de deuil, de départs pénibles, de séparations douloureuses. Quand le bonheur est passé, sourit loin de nous, les lieux qui en furent le cadre et les témoins paraissent désenchantés : ils resplendissaient de la joie de notre âme, des élans de notre esprit; leur beauté est toujours la même, c'est nous, hélas ! qui avons changé, qui ne connaissons plus l'essor fortuné de l'action harmonieuse, de l'affection échangée, de l'espérance.

Lorsqu'elle rentre à Paris, la vie mondaine reprend la Maréchale. Dans les premiers jours de décembre 1772, elle est en soirée chez Mme du Deffand, où elle raconte à nouveau ses heureuses impressions de Chanteloup. Le jour de l'an approche, la vieille aveugle, suivant une longue coutume d'amitié, lui prépare des étrennes. Elle aura, pour 1773, un coffre de parfilage, « c'est-à-dire couvert de fil d'or, c'est la mode. Ce coffre sera rempli de diablotins, elles les aime à la folie. »

De plus, des petits vers de l'aveugle, bien médiocres, hélas ! accompagnent l'envoi. Déjà, l'année précédente, 1772, en lui envoyant pour sa fête, le 22 juillet, un magnifique éventail, cadeau de Walpole, elle avait joint un pitoyable couplet de sa façon. Si sa prose n'était à cent coudées au-dessus de ses mauvaises rimes, il y a longtemps que la pauvre du Deffand dormirait sous la haute montagne de l'oubli, avec son pessimisme et son atroce égoïsme. Le style a sauvé sa mémoire.

Le 1er février, la Maréchale reçoit à souper et donne une soirée pour entendre la pitoyable tragédie de la Harpe, les *Barmécides*, dont nous avons parlé; la lecture fut accompagnée et suivie du sommeil d'une bonne partie de l'auditoire.

Au retour du printemps, dès le commencement de mai, elle se rend à Chanteloup, pour la troisième fois, elle y séjourne un mois : on était heureux de la posséder. La vie qu'on menait dans la demeure des Choiseul convenait assez à sa nature primesautière et indépendante. Voici à ce sujet quelques détails intéressants donnés par Mme du Deffand, car, elle aussi, fit le voyage : « Je ne reviens point d'étonnement de la paix qui règne à Chanteloup; elle est dans tous les propos, dans toutes les actions, et certainement dans l'âme : tout le monde est d'accord, chacun fait ce qu'il veut, chacun dit ce qu'il pense; on ne s'observe point, on ne se contraint point, et tout est dans le plus grand unisson. »

Et encore : Chez les Choiseul, « j'ai joui de la plus grande liberté, c'est le ton de la maison. Point de compliments; on ne se lève pour personne, on reste chez soi, on va dans le salon, on cause avec qui l'on veut; les uns vont à la promenade, les autres restent dans la maison; on est dix-huit ou vingt à table; les premiers arrivés s'y placent; on y arrive à l'heure qu'on veut, on n'attend personne. Au sortir de table, on reçoit les lettres de la poste, chacun lit les siennes en particulier; on se dit les nouvelles qu'on apprend, on s'arrange ensuite pour le jeu; on joue ou on ne joue pas, cela est égal; après le jeu, va se coucher qui veut; ceux qui restent font la conversation qui est très gaie, très agréable, parce qu'il y a beaucoup de gens d'esprit et de très bonne compagnie... »

L'ancienne dame du palais de la reine tenait là

une place brillante : sa conversation, ses souvenirs, son esprit donnaient un lustre de plus à cette résidence où la plus haute société se sentait attirée et séjournait à tour de rôle. La disgrâce, l'exil de Choiseul s'étaient transformés en triomphe.

Rentrée à Paris, la Maréchale, à la mi-juillet 1773, part à Villers-Cotterets, chez son amie, la duchesse de la Vallière ; elle va revenir pour sa fête, qui tombe le 22 juillet, nous le savons, et recevra de nombreux cadeaux.

En ce temps-là, entre amis et dans les familles, les souhaits et les cadeaux de fête, importants ou modestes, mais donnés de bon cœur, faisaient partie des bonnes habitudes : il y avait là de la sympathie marquée, une joie douce, de l'affection souriante. Cette heureuse coutume s'est bien raréfiée, si même elle n'a point disparu de nos mœurs. J'en exprime le regret, et je me demande si dans les familles on s'aime autant qu'autrefois.

La magie de Chanteloup entraîne là-bas, une quatrième fois, Mme de Luxembourg. Mme du Deffand s'attriste de la voir partir pour tout le mois de novembre et commencement de décembre, et d'être privée ainsi de sa compagnie : elle en devient mauvaise, son vieux fond de bile recuite monte à la surface, et la fait moraliser en propos agressifs, ce qui ne l'empêche pas de demander bientôt des nouvelles de son amie là-bas, et à son retour, 6 décembre 1773, elle s'empresse de l'inviter à souper pour le jour de l'an, et en secret lui prépare des étrennes nouvelles.

En 1774, nous voyons la Maréchale faire deux séjours à Chanteloup, le cinquième et le sixième, l'un au printemps, l'autre à l'automne. Elle était devenue inséparable des Choiseul, surtout de la sœur du ministre exilé, la duchesse de Gramont. Dans les années qui suivent, elle y retourne encore : ces villégiatures la reposent des réceptions de Paris et des environs, le château de Saint-Ouen, chez les Necker, où elle soupe plusieurs fois avec la comtesse d'Houdetot; le château du Raincy, chez le duc d'Orléans; le château de Saint-Assise, près Melun, chez Mme de Montesson... Le domaine de Chanteloup, c'est presque un asile de repos, c'est la campagne, le laisser-aller des bons amis, l'air vivifiant des forêts, c'est l'attirance de la Loire.

Au commencement d'août 1776, le prince de Conti mourut. Désolée, son amie, la comtesse de Boufflers se retira à Auteuil où elle possédait une superbe propriété. La Maréchale alla lui tenir compagnie, et se montra par là amie dévouée : dans les deuils, comme dans les jours heureux, elle savait apporter à ceux qu'elle aimait soit le réconfort, soit un joyeux entrain.

Nous trouvons encore une preuve de son caractère, porté à faire plaisir, dans un cadeau d'étrennes qu'elle fait à Mme du Deffand en janvier 1778. Bien qu'elle n'eut pour Voltaire qu'une sympathie restreinte, elle n'hésite pas à offrir les six derniers volumes in-quarto de ses œuvres à la vieille aveugle qu'elle sait dévouée au patriarche. De plus, elle lui envoie en même temps le portrait de son chien, Tonton, une vilaine petite bête dont héritera Walpole. Pour ce double cadeau, Voltaire d'un côté, le chien de l'autre, le chevalier de Boufflers composa ce mauvais couplet :

> Vous les trouverez tous deux charmants,
> Nous les trouvons tous deux mordants;
>   Voilà la ressemblance.
> L'un ne mord que ses ennemis,
> Et l'autre mord tous vos amis,
>   Voilà la différence.

En cette année 1778, Mme de Luxembourg eut le chagrin de voir tourner tout à fait mal le mariage de sa petite-fille. Lauzun, son mari, finissait de dissiper toute sa fortune. Sa femme, réduite à une rente des plus modestes, ne pouvait payer un loyer assez élevé et était menacée de saisie. Heureusement la grand'-mère était là : Amélie de Boufflers se réfugia chez elle. C'est en cette année 1778 qu'elle songea à faire son testament, comme nous le verrons plus loin.

L'âge venait, Madeleine-Angélique avait soixante-douze ans. Pouvait-elle encore faire face à la vie de réceptions et de fêtes qui l'avait tant occupée et tant captivée, et où elle avait tant brillé, dès sa toute jeunesse ? La sagesse s'imposait. Elle le comprit.

La maison qui l'attire, et va la retenir maintenant, c'est celle de la comtesse de Boufflers, à Auteuil. En juin 1779, elle s'y installe, partage la dépense, et la Minerve savante veille sur elle, redoutant de la voir reprise parfois par son ancien amour de la belle société. « L'état de la Maréchale, écrit alors Mme du Deffand, 20 juin 1779, inquiète beaucoup ses amis, et moi plus que personne; elle a des maux de tête continuels, des élancements, des battements depuis plus d'un mois; elle a fait à sa tête des remèdes qui lui ont été contraires. Comme depuis quelques jours, elle a des douleurs à une main, on soupçonne que c'est une humeur de goutte, mais accompagnée de vapeurs bien tristes; elle croit qu'elle va mourir : ses amis sont occupés à la distraire. »

Plus loin, notre vieille aveugle, un peu assagie par l'âge, ajoute un éloge, fait rare sous sa plume : « La Maréchale, en vérité, est ma meilleure amie. Si ses défauts ont offusqué par le passé ses bonnes qualités, actuellement ils ne font plus le même effet; personne n'a un meilleur cœur, n'est plus constante, plus discrète, plus charitable; il serait cruel qu'ayant dix ans plus qu'elle, j'eusse le malheur d'avoir à la regretter. »

Mme du Deffand n'eut pas à éprouver ce regret, elle mourut à l'automne de 1780, le 24 septembre; la Maréchale lui survécut de sept années. Elle consacra l'activité qui lui restait à des actes de charité, et à quelques pratiques pieuses sans exagération; le bon goût, le tact, la mesure étaient au nombre de ses qualités. Comme la sainte dont elle portait le nom, elle avait beaucoup aimé; son âme jusqu'à la fin eut des élans d'amour, ceux-ci furent pour l'être infini qu'adorent les croyants.

Elle avait toujours pratiqué la religion catholique

dans laquelle elle était née. En la voyant s'y attacher davantage, au terme de sa longue existence, on comprend mieux ses sympathies pour Rousseau, génie sentimental et religieux, qu'elle avait compris, aimé, admiré dès ses premiers ouvrages et ses premiers entretiens à Montmorency.

Elle s'éteignit à Paris, le 24 janvier 1787, laissant à sa petite-fille, Amélie de Boufflers, duchesse de Lauzun « une grande fortune, un mobilier immense, et l'une des plus belles bibliothèques de la grande ville ». Nous publions son testament dans le chapitre suivant.

Bien des fois, en me promenant dans la solitude des bois, j'ai réfléchi et médité sur la Maréchale de Luxembourg, comme je l'avais fait jadis, il y a vingt ans, pour la comtesse d'Houdetot dont j'avais entrepris de raconter l'histoire.

A mon sens, quand l'écrivain a exploré les Bibliothèques, consulté les documents, causé avec les érudits, réuni des fiches nombreuses sur un personnage, et qu'il a coordonné la trame de sa vie, il lui faut quitter son cabinet de travail, aller se perdre dans la campagne verdoyante, ou sur la cime d'une montagne, ou plutôt dans le silence mélancolique des forêts, et là évoquer à loisir la mémoire de ce personnage dont il veut se faire l'historien.

C'est dans l'immense forêt de Compiègne surtout, et aussi à travers les paysages boisés de l'Anjou, que je me suis plu à me représenter, après mes recherches préparatoires, cette femme entraînante qui traverse victorieusement presque tout le xviii⁰ siècle. Depuis son premier mariage jusqu'à sa mort, elle apparaît précédée et suivie par une sorte de rayon lumineux qui la signale, et lui attire une sympathique attention. Elle s'avance au milieu d'un chœur de femmes qui la suivent et l'admirent, belles, élégantes comme elle, et comme elle faites pour les magies de l'amour, les plaisirs de l'esprit, les splendeurs de l'existence.

Mieux que toute autre personnalité de son sexe, elle caractérise au plus haut degré les brillantes affirmations, les magnifiques dépenses de vie du xviii⁰ siècle. Dès sa première jeunesse, elle comprend son époque, elle se lance dans la carrière avec un essor tel

> Qu'en la voyant passer, les vieillards en ivresse
> Disaient : Dieux immortels, rendez-nous la jeunesse !

Comblée de tous les dons, elle sut affirmer sa maîtrise à la cour comme à la ville : le cadre était à sa taille; elle était faite pour évoluer à l'aise dans le palais de Versailles, dans les hôtels princiers, les salons renommés de Paris, dans les châteaux des alentours, dans tous les grands domaines de la vieille France.

Les avenues ombreuses, si propices aux aveux, les eaux jaillissantes, les cascades, les terrasses fleuries, les statues de marbre bordant les pelouses, les petits temples cachés sous le feuillage, bref tous les trésors des jardins et des parcs s'enorgueillissaient de la voir apparaître, parcourir les allées au bras d'un duc ou d'un marquis, s'asseoir sous la verdure d'un rond-point, et charmer la compagnie par les saillies de son esprit. Sa présence rehaussait les séductions des lieux privilégiés où elle était invitée. A quoi auraient servi tant de riches demeures de l'époque, si des femmes comme elle n'y avaient paru durant les beaux jours, n'en avaient admiré l'harmonie d'art et la fastueuse ordonnance, et n'y avaient ajouté par leur présence.

La fille des Villeroy donna donc un large essor aux facultés qu'elle tenait de la nature, et qui s'étaient développées dans un milieu où les grandes charges militaires étaient de tradition. Son père n'était-il pas lieutenant-général des armées du roi, son aïeul maréchal de France, et les Boufflers, les Luxembourg, à qui elle s'allia, ne s'étaient-ils pas illustrés dans les batailles ! Son allure, sa décision, son jugement, son esprit devaient fatalement s'en ressentir : il y a en elle, en effet, un peu de l'entrain et de l'action des chefs vaillants de sa race et de ses alliances.

Quand elle toucha l'automne de la vie, avec résignation et bon sens elle fit ses adieux à l'ingrate jeunesse, qui nous quitte tous, tel un général atteint par la retraite qui s'éloigne du tumulte des camps, et n'ambitionne plus qu'un foyer paisible et l'entretien de quelques compagnons d'armes. Elle resta fidèle à la société polie de son temps, et jusqu'à la fin y tint noblement sa place.

Le nom de la Maréchale de Luxembourg restera attaché à celui de Jean-Jacques Rousseau, dont elle était la fille intellectuelle. Elle fut son admiratrice, son amie dans le sens le plus noble du mot; elle lui rendit tous les services qu'il était possible de lui faire accepter, et connut certainement à son sujet les fiévreux, les tenaces regrets d'une grande amitié brisée, anéantie au milieu de la lutte des idées qui le passionnait.

Elle n'a rien perdu en s'intéressant à ce grand génie : il lui a donné l'immortalité, il l'entraîne à tout jamais dans son sillage de gloire.

CHAPITRE VIII

LE TESTAMENT
DE LA MARÉCHALE DE LUXEMBOURG

Double signification de ce testament. — Gratitude des grands seigneurs pour leurs serviteurs. — Train de maison princier de Mme de Luxembourg. — Touchants souvenirs d'amitié.

La Maréchale de Luxembourg mourut à Paris, le 24 janvier 1787. Elle était née le 27 octobre 1707 en cette ville, et avait été baptisée à l'église Saint-Roch. Dès l'année 1778, elle avait songé à faire son testament, et son notaire, maître Péron, en devint le dépositaire. Nous avons pu, après de minutieuses recherches, en retrouver l'original, écrit de sa propre main (1).

Rappelons que Mme de Luxembourg était née Madeleine-Angélique de Neufville de Villeroy, et avait épousé en premières noces Joseph-Marie, duc de Boufflers, mort à Gênes le 2 juillet 1747. Le

---

(1) Nous adressons ici nos sincères remerciements à M. Paul Simon, notaire à Paris, à qui nous devons cette communication. M. Paul Simon est le successeur actuel de maître Péron, notaire de la Maréchale.

29 juin 1750, elle épousa en secondes noces Charles-François-Frédéric II de Montmorency, duc de Luxembourg, promu maréchal de France, le 24 février 1757, et mort le 18 mai 1764.

Un testament ! Il offre toujours un intérêt aux méditations du psychologue et de l'historien, quel que soit l'être qui en a la pensée et se met à le rédiger : la fin de la course lui apparaît, il se dit que bientôt il lui faudra quitter le cadre où il vit, les biens qu'il possède, les objets familiers qu'il aime et que son regard, chaque jour, se plaît à contempler, il songe alors à désigner la personne qui héritera de sa fortune, et à laisser à ses intimes, à ses amis des souvenirs qui leur rappelleront les moments heureux du passé.

Le testament de la Maréchale est très simple : sauf au début, il ne renferme aucune réflexion morale, aucun de ces aperçus où le testateur parfois résume les principes qui l'ont guidé dans ses actions, les croyances qui l'ont consolé, l'idéal qui brillait devant ses yeux durant ce voyage qu'on appelle la vie. Nous n'avons ici qu'une énumération de legs laissés aux serviteurs, et de souvenirs attribués à quelques personnes aimées.

Voici le début :

« Au nom du Père, du Fils, et du Saint-Esprit. Ainsi soit-il.

« Ceci est mon testament.

« Je recommande mon âme à Dieu, à la très sainte Vierge, et à sainte Madeleine, ma patronne.

« Je désire être enterrée aux Capucines, sans aucune cérémonie. Je veux qu'il soit dit, pour le repos de mon âme, mille messes aux Capucines... Je veux qu'il leur soit payé mille francs... et qu'il soit payé mille francs aux pauvres de la paroisse sur laquelle je mourrai. »

Il y a toute une profession de foi dans ce début. Sous le scepticisme railleur et la vie facile, parfois débridée du xviii\ siècle, les croyances catholiques restaient vivantes au fond des âmes, et on savait les retrouver et les invoquer à l'heure du grand départ. Elles avaient rayonné autour du berceau, elles venaient encore illuminer la tombe.

Le couvent des Capucines, situé non loin de la rue actuelle qui porte ce nom, dans les parages de la place Vendôme, était entouré d'un vaste enclos : c'est Louis XIV qui avait créé cette installation. Louvois, le duc de Créqui, la marquise de Pompadour furent enterrés dans la chapelle de ce couvent. Sous la Révolution, le couvent devint l'Hôtel des Monnaies à titre provisoire, et c'est là que furent fabriqués les assignats.

Voici la première clause du testament de la Maréchale :

« Je fais Mme la duchesse de Lauzun, ma petite-fille, ma légataire universelle. Je lui donne mon

Saint-Esprit de diamants, que je la prie de garder tel qu'il est, tant qu'elle vivra. »

La duchesse de Lauzun recevait un héritage considérable, comprenant des rentes multiples, l'hôtel de Luxembourg situé rue Saint-Marc, les richesses d'ameublement et d'art entassées dans cet hôtel et dans le château de Montmorency. Faut-il rappeler ici que la petite-fille de la Maréchale, Amélie de Boufflers, mariée pour son malheur au duc de Lauzun, était, comme nous l'avons dit, une femme véritablement accomplie. Les biens de la grand'mère ne pouvaient tomber en meilleures mains.

Le testament entre ensuite dans le détail des legs accordés aux serviteurs de Mme de Luxembourg.

« Je donne à Jacob, ma première femme de chambre, la somme de douze cents francs, sa vie durant, et la moitié de mes habits et de mon linge.

« Je donne à La Roche, mon valet de chambre, la somme de douze cents francs, sa vie durant; et le premier qui mourra de La Roche ou de Jacob aura l'autre pour héritier.

La Roche n'est pas un inconnu pour les amis de Rousseau.

Lorsque, à Montmorency, le philosophe eut révélé à la Maréchale l'impardonnable abandon de ses enfants — nous l'avons expliqué — ce fut La Roche qui fut chargé de faire une enquête à l'Hospice des

Enfants-Trouvés, afin, s'il était possible, de découvrir la trace d'un petit abandonné : sa recherche, d'ailleurs, fut inutile.

Le fonds Rousseau, à la Bibliothèque de Neuchâtel, renferme dix-huit lettres intéressantes de La Roche à Jean-Jacques. Il lui écrivait en Suisse, après la condamnation de l'*Emile* et l'exil, soit pour le compte de Mme de Luxembourg, soit pour son propre compte. Il était tout dévoué à l'écrivain, et s'occupait de ses petites affaires en homme entendu.

La Maréchale fait ensuite des legs à d'autres serviteurs : mille francs à sa seconde femme de chambre, sa vie durant, et une partie de ses habits et de son linge ; mille francs à son mari, valet de chambre ; ils hériteraient l'un et l'autre ; neuf cents francs sa vie durant, à sa troisième femme de chambre ; six cents francs, sa vie durant, à son premier laquais ; six cents francs sa vie durant, à son second laquais ; six cents francs, sa vie durant, à son troisième laquais ; huit cents francs, sa vie durant, à son suisse ; mille francs, sa vie durant, à son cuisinier. D'autres domestiques, attachés à son service, reçoivent aussi des legs proportionnés à leur rôle dans la maison : personne n'est oublié.

Après avoir assuré le sort de ses serviteurs et de leurs enfants qui, tous, après sa mort, auront des petites rentes leur permettant de vivre à l'abri du besoin, Mme de Luxembourg songe à laisser des souvenirs d'amitié à quelques personnes de son entourage qu'elle affectionnait.

Le testament dit :

« Mme de Lauzun devra faire monter en bague le
portrait du feu roi [Louis XV], où il y a un diamant
dessus, et le remettre de ma part à Mme la duchesse de
Chartres, en lui demandant bien pardon de la liberté
que je prends : je la supplie de l'accepter pour se
souvenir quelquefois de quelqu'un qui avait pour elle
le respect et l'admiration qu'elle mérite.

« Je donne à M. le duc de Gontaut la boîte où est
le portrait de M. de Lauzun, entouré de diamants.

« Je donne à Mme de Boufflers, ma belle-fille,
deux diamants, plus une boîte au choix de Mme de
Lauzun.

« Je donne à Mme la comtesse de Boufflers une
boîte à thé d'or et deux petits pots d'or. »

Mme de Boufflers, belle-fille de la Maréchale et
mère d'Amélie, duchesse de Lauzun, était veuve;
elle était née Montmorency.

Quant à la comtesse de Boufflers, rappelons-nous
que c'était elle qui avait reçu le joli surnom très
mérité de Minerve savante.

« Je donne à Mme la comtesse Amélie de Boufflers
la boîte où est le portrait de Madame sa belle-mère,
et la supplie de l'accepter comme une marque de
mon très tendre attachement. »

Cette comtesse Amélie de Boufflers était la belle-
fille de cette Minerve savante dont nous venons de

rappeler le nom, et doit être nettement distinguée de l'autre Amélie de Boufflers, duchesse de Lauzun, petite-fille de Mme de Luxembourg. Il y eut ainsi deux Amélie de Boufflers.

Autre legs intéressant :

« Je donne à Mme la princesse de Montmorency une boîte où est le portrait de M. le maréchal de Luxembourg et une épingle de diamants. »

Cette boîte précieuse est sans doute encore dans la famille qui descend des Montmorency-Luxembourg. Le dernier prince de cette illustre maison, mort en 1878, avait eu le grand chagrin de perdre deux fils très jeunes. Il avait laissé après lui deux filles, la comtesse d'Hunolstein, morte bien avant la guerre de 1914-1918, et la vicomtesse de Durfort-Civrac de Lorge, décédée le 10 février 1922. Combien il serait intéressant de retrouver le portrait mentionné du maréchal qui fut l'ami de Rousseau !

La maréchale de Mirepoix, la marquise du Deffand, le prince de Beauvau, le comte de Ségur, la comtesse de Ségur, d'autres encore, reçoivent des legs, portrait du roi entouré de diamants, petite cuillère d'or, petits pots en or, théière d'or, boîtes précieuses...

Le testament se termine ainsi :

« Je recommande à Mme de Lauzun de faire exécuter mon présent testament dans toute sa rigueur.

Je ne nomme point d'exécuteur testamentaire.

Je m'en repose entièrement à elle que j'estime et que j'aime de tout mon cœur.

« Fait à ..., ce vingt-et-un juin mil sept cent soixante et dix-huit.

« MADELEINE-ANGÉLIQUE DE VILLEROY,
MARÉCHALE DE LUXEMBOURG. »

La Maréchale ajoute :

« Je supplie Mme de Montesson de recevoir une boîte comme une marque de mon tendre attachement. »

Quatre codicilles très brefs sont ajoutés au testament et portent les dates suivantes : 21 juin 1778; 3 juillet 1781; 3 juillet 1782; 8 mai 1784. Mme de Luxembourg augmente là des legs déjà faits à divers serviteurs. La clause la plus intéressante est ainsi formulée :

« Je veux que Mme de Lauzun jouisse et dispose de tous mes biens, sans l'autorisation ni le consentement de M. de Lauzun. »

La Maréchale savait que le mari de sa petite-fille était un dissipateur, la précaution qu'elle prenait n'était pas inutile.

En lisant ce testament, on peut se rendre compte de l'attachement des seigneurs de l'ancien régime pour leur personnel domestique : ils savaient apprécier les services que chacun, dans la place occupée, avait pu rendre pendant de longues années, et ils ne les oubliaient pas dans leurs dispositions testamentaires.

La Maréchale de Luxembourg tient à laisser un bon souvenir à ceux et à celles qui l'ont servie, depuis la première femme de chambre jusqu'au troisième laquais. Évidemment, tous étaient de bons serviteurs, et les mentions inscrites dans le testament leur font honneur, en même temps qu'elles prouvent la gratitude de leur maîtresse.

L'énumération faite par la Maréchale nous donne en même temps une idée de son train de maison, qui était vraiment princier, aussi bien au château de Montmorency qu'à l'hôtel de Luxembourg, à Paris, rue Saint-Marc.

Depuis sa jeunesse jusqu'à ses dernières années, il y eut une belle dépense de vie autour de celle qui, sortie de la race des Villeroy, fut duchesse de Boufflers et maréchale de Luxembourg. Elle fut un des plus brillants météores du XVIIIe siècle.

Chapitre IX

LES PORTRAITS DE LA MARÉCHALE

*Portraits anciens : Un des plus remarquables est attribué à
Lancret, il fut peint lorsque la future Maréchale était
duchesse de Boufflers. — Portrait de la Collection Gontaut-Biron. — Portrait peint dans un groupe par Barthélemy Olivier.*

Portraits modernes : Portrait peint par Claudius Jacquand.

*Portraits gravés modernes : Compositions de Ed. Hédouin
et de Maurice Leloir.*

Sainte-Beuve, parlant de Mme de Luxembourg,
écrit : « On n'a d'elle ni portrait authentique ni
gravure. Cela s'explique : elle mourut à la veille du
déluge. On avait d'autres choses à penser en janvier 1787. »

Cette dernière réflexion nous étonne. Sainte-
Beuve d'habitude n'a pas de ces oublis. A la date
indiquée, la Maréchale mourait, âgée de quatre-
vingts ans : ce n'est guère à cet âge qu'on songe à se
faire peindre. C'est dans la période de la jeunesse,
puis dans celle des ambitions satisfaites, avant la
vieillesse, que vient le désir de mettre à contribution
le pinceau des artistes.

En dehors de la toile dont nous parlons plus loin, nous avons la conviction qu'il existe un ou plusieurs portraits peints de Madeleine-Angélique de Villeroy, quand elle s'appelait duchesse de Boufflers, entre 1721, date de son premier mariage, et 1750, date de la seconde union. C'est une trouvaille à faire dans un musée, un château, un salon parisien, ou dans quelque collection d'amateur. La duchesse était trop en vue, surtout quand elle fut nommée dame du palais de la reine, pour n'avoir point été sollicitée de poser devant un peintre, et pour n'avoir point consenti.

Nous venions d'écrire ces lignes, lorsqu'avis nous fut donné par la comtesse T. de G.-B..., qu'un portrait de la Maréchale, peint à l'huile, grandeur nature, existait dans une collection particulière. Nous fîmes les démarches utiles, le portrait nous fut montré, et on voulut bien le faire photographier, et nous autoriser à le reproduire. C'est lui qui figure en tête de ce volume. C'est une œuvre remarquable. La séduction entraînante de la grande dame qu'était la duchesse de Boufflers, devenue Maréchale de Luxembourg, est rendue là avec maîtrise. L'artiste n'a point signé sa toile, mais il y a mis son talent, et il a prouvé que son pinceau savait rendre d'une façon saisissante l'expression de la vie. Quelle magie dans cette physionomie rayonnante !

Nous exprimons toute notre gratitude à M. le marquis de Gontaut-Biron qui nous a mis à même d'admirer ce portrait de la Maréchale, et de le faire admirer aux lecteurs de notre ouvrage.

Chez les marchands d'estampes, on peut trouver, bien qu'il soit rare, un portrait in-4° gravé à l'eau-forte, portant cette mention : *La Maréchale de Luxembourg.* A droite, en bas, on lit : *N. Lancret pinx.*, et à gauche : *N. Martinet sc.* La gravure de Martinet est excellente. Voici quelques précisions sur ce portrait.

L'eau-forte en question a été gravée d'après une peinture en largeur qui faisait partie, à la fin du xixe siècle, de la riche galerie d'un amateur, M. John W. Wilson. Désirant quitter Paris, il fit une vente en son hôtel, 3, avenue Hoche, au mois de mars 1881. Le commissaire-priseur fut Charles Pillet, l'expert Georges Petit.

Le portrait de la Maréchale — qui, lorsqu'il fut exécuté, ne pouvait être que duchesse de Boufflers — figurait dans le catalogue sous le numéro 16. « Elle est debout dans son parc, dit la notice, au bord d'un étang où elle a jeté la ligne : elle a les cheveux poudrés, surmontés d'un nœud de dentelle, un bouquet au sein, une robe flottante, rayée de blanc et de rose. Une jeune enfant, vêtue de soie bleue à grands ramages blancs, tient une corbeille d'osier pour y recevoir le poisson. Un berger, vêtu de rouge, est assis sur un tertre, abrité par des arbustes et, tout en contemplant la Maréchale, il s'apprête à jouer de la cornemuse. Toile : hauteur, 58 centimètres; largeur : 72 centimètres.

Nous pensons que la jeune enfant est la fille de la maréchale, qui mourut à l'âge de quinze ans; le jeune homme, costumé en berger, doit être son fils, Charles-Joseph, qui mourut en 1751, à l'âge de vingt ans.

Dans la préface du catalogue, l'auteur, Paul Mantz, écrit : « Quant à Lancret, qui fut quelquefois portraitiste, il a représenté dans un jardin la Maréchale de Luxembourg, un musicien galant, et une fillette qui a revêtu ses plus beaux atours, pour se promener à la campagne. Le musicien et la petite fille sont aussi des portraits. Le portrait n'est pas mentionné dans les biographies de Lancret, mais il est d'une authenticité parlante : les livres ne savent jamais tout. »

Ajoutons qu'à la vente de John Wilson, ce portrait fut adjugé pour 17.000 francs. La toile dont il s'agit — Paul Mantz aurait dû le dire — ne peut représenter que la duchesse de Boufflers, qui devint plus tard Maréchale de Luxembourg. Son second mari, Charles-François-Frédéric, duc de Montmorency-Luxembourg, fut promu maréchal de France en 1757. A cette date, Lancret n'existait plus depuis longtemps, puisqu'il mourut en 1743. Pour rester dans la vérité, si le portrait est authentique — et nous le pensons — il faut le mentionner ainsi : *Portrait de la duchesse de Boufflers, qui devint en 1757 Maréchale de Luxembourg.* Il doit dater de 1740 ou 1741.

Le portrait de Mme de Luxembourg figure encore dans un tableau remarquable de Barthélemy Olivier, peintre attaché au prince de Conti, tableau connu sous ce titre : *Le Thé à l'anglaise au Temple,* et possédé par le Musée du Louvre. Il y a là un habile groupement de personnages qui formaient la cour du prince de Conti : la scène représentée se passe en 1763, quand le jeune Mozart, âgé de sept ans à peine, vint en France avec son père, au mois de novembre, et fut accueilli à Paris avec admiration et enthousiasme, dans la plus haute société et même à la cour de Versailles.

Nous avons, dans cette toile, une image caractéristique du bon ton et de l'élégance d'une réception mondaine au xviiie siècle. Nous sommes dans le salon des Quatre-Glaces : le jeune Mozart est au clavecin; Jélyotte, le chanteur sans rival, est près de lui, une guitare à la main. Le prince de Conti est vu de dos, il porte une perruque à la Bachaumont; puis voici, en allant de gauche à droite, le prince de Beauvau, le chevalier de Laurency, Trudaine, Mlle Bagarotti, la maréchale de Mirepoix, Mme de Vierville, la *Maréchale de Luxembourg*, *Amélie de Boufflers*, Pont de Veyle, la comtesse d'Egmont douairière, la comtesse d'Egmont jeune (en chapeau d'été, au premier plan), le président Hénault, la comtesse de Boufflers, l'amie du prince, le comte de Chabot, le comte de Jarnac, Mairan, la princesse de Beauvau, Bailly de Chabrillant.

La Maréchale de Luxembourg, qui nous intéresse ici avant tout, est assise presque au premier plan, et tourne la tête vers le spectateur. Il est facile de la reconnaître avec cette indication : c'est bien la même figure que dans le portrait que nous reproduisons, et que dans la toile de Lancret, signalée plus haut. Près d'elle, debout, la tête un peu penchée, se tient sa petite-fille, Amélie de Boufflers.

Le tableau, qui mesure vingt pouces de haut sur vingt-quatre de largeur, fut exposé au Salon de 1777. Il n'a pas cessé d'être admiré par les écrivains, les érudits, les amateurs éclairés qui comprennent et aiment le xviiie siècle, et regrettent de n'avoir point vécu au milieu de cette société dont la toile d'Olivier nous conserve les séductions et l'incomparable prestige. L'artiste a fait une réplique de son œuvre. Nous avons pu l'étudier et la comparer avec la toile du Louvre dans la collection particulière d'une grande dame de nos jours. Le *Thé à l'Anglaise* a été souvent reproduit par la gravure et la photographie.

Parmi les portraits modernes de la Maréchale, nous mettons au premier rang la toile importante et très belle de Claudius Jacquand, peintre lyonnais (1). Il l'exécuta en 1835 ; elle mesure 0^m66 pour la hauteur, et 0^m92 pour la largeur : elle figura au Salon de cette année 1835. Il a représenté les *Adieux de Rousseau à la famille de Luxembourg*, au château de Montmorency, le 9 juin 1762, après la publication de l'*Emile*, livre qui, avec l'auteur, allait être poursuivi, censuré, condamné par le Parlement, et par l'Église représentée par l'Archevêque de Paris et par le Pape Clément XIII, car le Pape donna dans l'affaire.

Jean-Jacques donc fait ses adieux à la Maréchale

___

(1) Claudius Jacquand, né à Lyon en 1805.

qui est représentée debout, en face du philosphe : elle
est vue de trois quarts, tournée vers la gauche;
l'expression est celle de la sympathie attristée qu'inspire la séparation d'un ami frappé par un coup
imprévu. A gauche, le Maréchal de Luxembourg; à
droite la femme de Rousseau, Thérèse Levasseur, la
comtesse de Boufflers, et enfin la maréchale de Mirepoix qui, seule, est assise.

L'artiste, très habilement, a su donner à chacun
l'attitude de tristesse que fait naître l'événement. Il
s'était documenté avant de peindre, avait lu les
Confessions où la scène des adieux est décrite, bref
avait médité sur la pyschologie des personnages. Je
reconnais dans les physionomics son travail pré-
paratoire très consciencieux qui fait, avec son habile
pinceau, le mérite et la valeur de sa toile.

L'artiste lyonnais avait compris que Rousseau et
la Maréchale devaient former le groupe essentiel de
son tableau : aussi les a-t-il placés au premier plan et
au centre. Le philosophe tient à la main la canne du
voyageur, il est vêtu simplement, mais avec une élégance qui lui est propre, et que connaissaient bien les
contemporains.

Très ressemblant d'après le pastel de La Tour et
le buste de Houdon, il est « bien pris dans sa petite
taille », suivant une de ses expressions. Certes, il est
attristé, mais on sent la fermeté dans son attitude :
son parti est pris, il s'en va, c'est dur, mais il
brave les coups du sort; on devine en lui l'élan
secret du stoïcien.

La Maréchale, vêtue d'une robe de soie bleue, tend les bras vers celui qui va partir en exil : c'est l'amie dévouée, c'est aussi la grande dame. De quels documents iconographiques Jacquand s'est-il inspiré pour le visage ? Nous ne savons, mais il lui a donné la ressemblance avec notre portrait, avec l'effigie de la toile attribuée à Lancret, et aussi avec l'image du tableau d'Olivier.

Au nombre des dessinateurs et graveurs qui se sont occupés du portrait de la Maréchale, nous devons citer E. Hédouin et Maurice Leloir qui tous deux, pour illustrer une édition les *Confessions*, ont reproduit la même scène du célèbre ouvrage, celle où Jean-Jacques fait la lecture de la *Nouvelle Héloïse* à Mme de Luxembourg, le matin, pendant l'été de 1759. Nous avons cité à notre Chapitre IV, le passage des *Confessions* relatif à cette lecture.

Nos deux dessinateurs nous montrent Rousseau installé à une petite table, dans la chambre à coucher de la Maréchale. Elle est dans son lit, et va écouter le lecteur qui tient son manuscrit ouvert. Le dessin d'Hédouin, gravé à l'eau-forte, est plein de charme, mais l'artiste, cela est visible, ne s'est nullement préoccupé de donner de la ressemblance à ses personnages. Le fond de la scène est exact, mais l'exécution des figures est fantaisiste (1).

(1) *Les Confessions*, avec une préface de Marc-Monnier. Librairie des Bibliophiles, Jouaust, 1881, 4 volumes in-16 sur Hollande, 13 eaux-ortes par Ed. Hédouin.

Maurice Leloir, en sa composition, gravée à l'eau-forte par F. Milius, a été plus consciencieux : il a interrogé les portraits authentiques; son Rousseau et sa Maréchale sont tout de suite reconnaissables. L'attrait qu'il a su donner à cette scène est différent de celui d'Hédouin, mais il n'est pas moins captivant. Son avantage est d'être plus véridique dans les traits du visage de la grande dame et du philosophe, et aussi du maréchal de Luxembourg qui assiste à la lecture (1).

Maurice Leloir, dans une autre composition pour le même ouvrage, et dont le titre est : le *Portrait de la Maréchale*, nous montre dans un salon Mme de Luxembourg assise, vue de trois quarts à droite. Près d'elle Rousseau debout regarde le mauvais portrait que l'abbé de Boufflers, barbouilleur assez désagéable, a fait d'elle et qu'il vient d'apporter : nous ne voyons la toile que par derrière. La scène est ingénieuse.

L'habile dessinateur a reconstitué aussi la scène des adieux de Jean-Jacques à la Maréchale. Il s'est inspiré, nous le pensons, du tableau de Claudius Jacquand. Rousseau est vu de dos, la grande dame de face; la comtesse de Boufflers est près d'elle un peu en arrière; le maréchal est placé à droite, la maréchale de Mirepoix à gauche.

(1) *Les Confessions*, édition illustrée de 96 compositions par Maurice Leloir, gravées à l'eau-forte. Paris, 1889, H. Launette, éditeur, 2 vol. 1n-4°.

APPENDICES

I

ACTE DE MARIAGE DE MADELEINE-ANGÉLIQUE DE NEUFVILLE
DE VILLEROY ET DE JOSEPH-MARIE, DUC DE BOUFFLERS

Paroisse de Saint-Paul, à Paris
15 Septembre 1721

Le Lundy, quinzième de Septembre, mil-sept-cent-vingt-un, un ban publié sans opposition dans cette paroisse, et dans celle de Saint-Roch, comme il nous a paru par le certificat du sieur Fontuois, vicaire de la dite paroisse;

Vu la dispense des deux autres, accordée par son Eminence, Monseigneur le Cardinal Archevêque de Paris, en date du neuf de ce mois, signé : L.-A. Cardinal de Noailles, archevêque de Paris;

Insinué et contrôlé le treize du même mois, signé : Frain;

Les fiançailles célébrées la veille;

Ont été mariés par Monsieur le Curé de cette paroisse,

Très-haut et très-puissant seigneur, *Monseigneur Joseph-Marie, duc de Boufflers,* pair de France, gouverneur et lieutenant général pour le Roy des provinces de Flandre et du Haynault, — gouverneur particulier des ville et citadelle de Lille, — souverain bailly de la dite ville et chatellenie du dit Lille, — gouverneur grand bailly de la ville de Beauvais, — lieutenant général pour sa Majesté du Beauvaisis, — mestre de camp d'un régiment d'infanterie, — comte d'Estoges, — seigneur de Boufflers et autres lieux,

Agé de quinze ans,

Fils de défunt très-haut et très-puissant seigneur, *Monseigneur Louis-François, duc de Boufflers,* pair et maréchal de France, chevalier des Ordres du Roy et de la Toison d'Or, — capitaine des Gardes du corps de sa Majesté, etc.

Et de très-haute et très-puissante dame, *Madame Catherine-Charlotte de Gramont,* ses père et mère, demeurant *place Royale,* de cette paroisse;

Et haute et puissante demoiselle, *Mademoiselle Magdeleine-Angélique de Neufville de Villeroy,*

Agée de treize ans, onze mois,

Fille de très-haut et très-puissant seigneur, *Monseigneur Louis-Nicolas de Neufville, duc de Villeroy,* et de Beaupréau, — pair de France, — capitaine de la première et plus ancienne Compagnie française des Gardes du corps du Roy, — lieutenant général de ses armées, — gouverneur décédé en survivance, et lieutenant général pour sa Majesté de la ville de Lyon, pays Lyonnais, Forez et Beaujolais;

Et de défunte très-haute et très-puissante dame, *Madame Marguerite Le Tellier,* ses père et mère, demeurant en *l'hôtel de Lesdiguières,* de fait et de droit, aussi de cette paroisse;

Ayant demeuré quelques jours sur la paroisse de Saint-Roch, depuis sa sortie du couvent.

Ont assisté au dit mariage de la part du dit seigneur époux :

La dite dame, duchesse, maréchale de Boufflers, *sa mère,* demeurant en son hôtel, *place Royale,* de cette paroisse;

Très-haut et très-puissant seigneur, Monseigneur Antoine-Charles de Gramont, duc de Gramont, pair de France, — souverain de Bidache, — gouverneur de Navarre et Craon, — gouverneur de Bayonne et de Saint-Jean-Pied-de-Port, — Colonel au Régiment des Gardes françaises de sa Majesté,

— lieutenant général de ses armées, — *son oncle maternel,* demeurant *rue de Richelieu*, paroisse Saint-Roch ;

Très-haut et très-puissant seigneur, Monseigneur Louis-Antoine-Armand de Gramont, duc de Guiche, pair de France, — gouverneur décédé en survivance de Navarre et Craon, *son cousin-germain*, demeurant *rue Saint-Dominique*, faubourg Saint-Germain, paroisse Saint-Sulpice ;

De la part de la dame épouse :

Le dit seigneur, duc de Villeroy, son père, demeurant à *l'hôtel Lesdiguières*, de cette paroisse ;

Très-haut et très-puissant seigneur, Monseigneur François de Neufville, duc de Villeroy, pair et premier maréchal de France, — gouverneur de la ville de Lyon et des provinces du Lyonnais, Forez et Beaujolais, — général des armées de sa Majesté, *demeurant au Louvre*, paroisse Saint-Germain-l'Auxerrois, *son aïeul paternel;*

Haut et puissant seigneur, François-Louis de Neufville, marquis de Villeroy, colonel du Régiment Lyonnais, — capitaine de la première et plus ancienne Compagnie française des Gardes du corps du Roy, décédé en survivance, lieutenant général de la ville de Lyon, pays Lyonnais, Forez et Beaujolais, *son frère*, demeurant à *l'hôtel de Lesdiguières;*

Haut et puissant seigneur, François-Camille de Neufville de Villeroy, marquis d'Alincourt, — mestre de camp du régiment de Villeroy, — lieutenant pour le Roy de la ville de Lyon, province de Lyonnais, Forez et Beaujolais, *son frère*, demeurant *place Royale*, de cette paroisse ;

Et autres seigneurs et dames qui ont signé au dit registre.

Seigneur et dame époux ont aussi signé.

Et les sieurs Blanchard et Yvernel...

C. de Gramont, — Maréchale, duchesse de Boufflers, — François de Neufville, — Louis-Nicolas de Neufville, duc de Villeroy, — le marquis d'Alincourt, — Yvernel, et N.-P. Guéret, curé, vicaire général.

II

Acte de mariage de Madeleine-Angélique de Neufville de Villeroy, duchesse de Boufflers, et de Charles-François de Montmorency-Luxembourg, duc de Luxembourg.

Paroisse de Sainte-Marie-Magdeleine de la Ville-L'Evêque,
à Paris

29 *juin* 1750

Le vingt-neuvième jour de juin, mil-sept-cent-cinquante, après les fiançailles faites, et la publication d'un ban sans opposition en cette paroisse, et en celle de Saint-Eustache, le vingt-un courant;

Vu, en premier lieu, le certificat de la susdite publication, en la paroisse Saint-Eustache, en date du vingt-deux juin, mil sept cent cinquante, signé : *Pourez;*

Vu, en deuxième lieu, la dispense des deux autres bans, accordée aux époux par sa Grandeur Monseigneur l'Archevêque de Paris, avec la permission de célébrer les fiançailles et le présent mariage, le même jour, en date du 22 juin mil sept cent cinquante, signé : *Christophe*, archevêque de Paris, et plus bas : *De Latouche.*

Insinuée le vingt-six du dit mois au greffe des Insinuations (1) ecclésiastiques, signé : *Gervais.*

Vu, en troisième lieu, l'extrait mortuaire de Madame Marie-Sophie-Honorate-Émilie Colbert de Seignelay, première femme de l'époux, décédée le vingt-neuf octobre

(1) L'insinuation, sous l'ancien régime, était une sorte d'enregistrement des actes.

mil sept cent quarante sept, en la paroisse de Saint-Eustache, en date du 13 juin mil sept cent cinquante, signé : *Danty*.

Vu en quatrième lieu le certificat de Monseigneur Joseph-Marie, archevêque de Gênes, par lequel il paraît que Monseigneur Joseph-Marie, duc de Boufflers, est décédé à Gênes, le deux de juin mil sept cent quarante-sept, en date du dix-neuf août mil sept cent quarante-sept, signé : *Joseph-Marie, archevêque de Gênes*, et plus bas : François-Marie Axerétès chancelier de l'archevêché de Gênes ;

Je, Louis-Charles Cathlin, prêtre, docteur en théologie, et curé de la paroisse de Sainte-Marie-Magdeleine de la Ville-L'Évêque, faubourg Saint-Honoré, à Paris,

Ai, en la dite église, interrogé très-haut et très-puissant seigneur, *Monseigneur Charles-François de Montmorency-Luxembourg*, duc de Luxembourg-Montmorency et de Piney, pair et premier baron chrétien de France, — gouverneur et lieutenant général pour le Roy en la province de Normandie, — chevalier de ses Ordres, et lieutenant général de ses armées,

Veuf majeur de très-haute et très-puissante dame, Madame Marie-Sophie-Honorate-Émilie Colbert de Seignelay,

Demeurant en son hôtel, *rue Saint-Marc*, paroisse Saint-Eustache, d'une part ;

Et très-haute et très-puissante dame, *Madame Magdeleine-Angélique de Villeroy, duchesse de Boufflers*, veuve majeure de très-haut et très-puissant seigneur, Monseigneur Joseph-Marie, duc de Boufflers, pair de France, chevalier des Ordres du Roi, etc...

Demeurant en son hôtel, rue d'Anjou, de cette paroisse, d'autre part ;

Et leur consentement mutuel par moi [obtenu], puis leur ai donné la bénédiction nuptiale, en face de notre mère, la sainte Eglise, en présence et du consentement de leurs parents et amis, témoins ci-après nommés :

C'est à savoir, de la part de l'époux :

De très-haut et très-puissant seigneur, *Monseigneur*

Charles-François-Christien de Montmorency-Luxembourg, prince de Tingry, lieutenant général de la province de Flandre et lieutenant général des armées du Roi;

Et de très-haut et très-puissant seigneur, *Monseigneur Anne-Léon de Montmorency,* premier baron chrétien en France, chef des noms et armes de sa maison, maréchal des camps et armées du Roi, demeurant en son hôtel, *rue du Cherche-Midi,* de la paroisse Saint-Sulpice, *ses cousins;*

Et de la part de l'épouse :

De très-haut et très-puissant seigneur, *Monseigneur François-Louis de Neufville de Villeroy, duc de Villeroy,* pair de France, — chevalier des Ordres du Roi, maréchal des camps et armées de sa Majesté, — gouverneur des villes de Lyon, pays Lyonnais, Forez et Beaujolais, — capitaine de la première et plus ancienne Compagnie française des Gardes du Corps de sa Majesté, — demeurant en son hôtel, *faubourg Saint-Germain,* paroisse Saint-Sulpice, *son frère;*

Et de très-haut et très-puissant seigneur, *Monseigneur Charles-Antoine de Gontaut de Biron, marquis de Gontaut,* lieutenant général des armées du Roi, — gouverneur de Landau, — demeurant en son hôtel, *rue de Richelieu,* lesquels, tous témoins, nous ont affirmé du domicile et de la liberté des parties, et ont signé.

Signé : Montmorency-Luxembourg, — Madeleine-Angélique de Villeroy, — le duc de Villeroy, — Montmorency, — Montmorency-Luxembourg-Tingry, — Gontaut, — et Cathlin.

III

LE PORTRAIT DE JEAN-JACQUES ROUSSEAU AU PASTEL PAR LA TOUR

Au Chapitre IV de notre Étude, nous avons raconté que Rousseau avait fait don au maréchal de Luxembourg de son portrait peint au pastel par La Tour, don qui eut lieu en août ou septembre 1759. Le 22 septembre, le maréchal remerciait le philosophe pour cette marque d'amitié. Ce portrait resta dans l'illustre famille jusqu'à la mort de la Maréchale, en 1787.

Le maréchal mourut le 18 mai 1764. Rousseau, proscrit de France à la suite de la publication de l'*Emile*, séjournait alors à Môtiers-Travers, dans le voisinage de Neuchâtel.

La mort de M. de Luxembourg l'affecta beaucoup. Il évoqua le passé, les moments heureux vécus à Montmorency, se souvint des bontés de cet excellent homme, et incidemment se rappela le pastel de La Tour dont il lui avait fait don. Qu'allait devenir cette œuvre, dans le partage du défunt ? Il en écrivit à La Roche, homme de confiance de Mme de Luxembourg.

Le 22 juin 1764, La Roche lui répond de Montmorency : « Madame la Maréchale a réclamé votre portrait, duquel elle s'est emparée. Vous pouvez croire qu'il ne serait pas resté à l'inventaire : hors d'elle, je l'aurais disputé à toute la terre. »

De son côté, Mme de Luxembourg lui écrit : « Montmorency, 27 juin 1764... Vous avez demandé à La Roche ce qu'on avait fait de votre portrait. Pouvez-vous imaginer qu'un autre que moi s'en soit emparé ? Je vous annonce qu'il ne me quittera de la vie. Je voudrais bien être assez heureuse pour dire de même de l'original, mais ces bonheurs ne sont plus faits pour moi. Adieu, Monsieur, personne au monde ne vous aime plus tendrement, et c'est, je vous assure, pour toujours. Voulez-vous bien que j'embrasse Mlle Levasseur. »

A la mort de la Maréchale, en 1787, le portrait de Jean-Jacques devint la propriété de sa petite-fille, Amélie de Boufflers, duchesse de Lauzun et de Biron, qui fut instituée, nous le savons, sa légataire universelle (1).

IV

LA BIBLIOTHÈQUE DU MARÉCHAL DE LUXEMBOURG

Le goût des livres, des beaux livres, était très prononcé chez le maréchal de Luxembourg. Sa première femme, Marie-Sophie-Honorate, était une bibliophile émérite, classée parmi les premières de son temps : sa seconde femme, notre maréchale, n'était pas moins passionnée pour les belles éditions et les riches reliures des bons ouvrages.

Après sa mort, 18 mai 1764, la Bibliothèque du maréchal fut mise en vente par les soins du libraire parisien Pissot, quai de Conti. Nous avons pu retrouver le catalogue de cette vente qui eut lieu à l'hôtel de Luxembourg, rue Saint-Marc, le lundi, 27 août 1764, et jours suivants.

Le catalogue comprenait 867 numéros, formant cinq grandes divisions : Théologie, Jurisprudence, Sciences et Arts, Belles-Lettres, Histoire. Dans chacune de ces divisions, étaient classées des sous-divisions instructives. Ainsi, dans la Théologie, nous trouvons le Droit canonique et le Droit civil; dans les Sciences et Arts, voici : Philosophes anciens et nouveaux, Morale, Économie, Politique, Traités

(1) Voir notre ouvrage : *Les Portraits de J.-J. Rousseau.* Tome I, chapitre III. — 1 vol. grand in-8°, 50 planches hors texte. — E. Leroux, éditeur, 1913, Paris.

sur le commerce, Métaphysique, Physique, Histoire naturelle, Médecine, Mathématiques, Musique.

La musique est une des parties les plus fournies, elle
comprend cent quatre numéros : c'est une nomenclature
curieuse de tous les Opéras de l'époque.

Sous la rubrique : Arts, nous avons : Art de la peinture,.
Gravure, Sculpture, Architecture, Art militaire.

Voici la partie des Belles-Lettres : Grammaire et Dictionnaires, Orateurs, Poètes Grecs et Latins, Poètes français, Poètes dramatiques français, Poètes italiens et anglais,.
Mythologie, Nouvelles et Romans, Philologues, Polygraphes,.
Dialogues et Epistolaires.

Nous comptons cent un numéros dans la sous-division :.
Poètes et poètes dramatiques français, qui font pendant aux
œuvres nombreuses de musique, et qui viennent attester
quelle large part la poésie et la musique avaient dans la vie
intellectuelle de la haute société du xviiie siècle.

Arrivons à l'Histoire : voici les sous-divisions : Introduction à l'Histoire, Géographie, Voyages, Chronologie et Histoire
universelle, Histoire ecclésiastique, Histoire ancienne, grecque
et romaine, Histoire d'Italie, Histoire de France.

Dans cette première partie de l'énumération, nous relevons cent quatorze numéros. La sous-division comprend
encore : Histoire d'Allemagne et des Pays-Bas, Histoire
d'Espagne et de Portugal, Histoire d'Angleterre et des Pays
septentrionaux, Histoire des pays hors d'Europe, Histoire
généalogique et héraldique, Antiquités, Histoire littéraire,
Vie des hommes illustres, Extraits historiques.

Comme on en peut juger par cette nomenclature, la Bibliothèque du maréchal de Luxembourg avait un caractère
sérieux, et était riche en ouvrages propres à instruire, à
orner l'esprit, à fournir de larges connaisances dans les
diverses branches du savoir humain.

Au point de vue de la Bibliophilie, elle ne devait pas être
moins précieuse. Les amateurs doivent connaître à ce point
de vue les meilleurs ouvrages qui pouvaient s'y trouver.

V

Acte de décès de la Maréchale de Luxembourg

Paroisse de Saint-Roch, à Paris
24 janvier 1787

L'an mil-sept-cent-quatre-vingt-sept, le vingt-cinq janvier, a été présentée en cette église [de Saint-Roch] et ensuite transportée en celle des Capucines de cette paroisse,

Très-haute et très-illustre dame, *Madame Magdeleine-Angélique Neufville de Villeroy*, veuve en secondes noces de très-haut et illustre seigneur, Monseigneur Charles-François de Montmorency-Luxembourg, duc de Luxembourg-Montmorency et de Piney, pair, maréchal et premier baron chrétien de France, capitaine des Gardes du corps du Roy, chevalier de ses Ordres, gouverneur et lieutenant général pour le Roy de la province de Normandie;

Et en premières noces de très-haut et très-illustre seigneur, Monseigneur Joseph-Marie, duc de Boufflers, — pair de France, — chevalier des Ordres du Roy, — gouverneur et lieutenant général pour sa Majesté des provinces de Flandre et du Hainaut, etc.

Décédée hier (24 janvier 1787), en cette paroisse, *place Vendôme*, âgée de quatre-vingts ans environ.

Présents :

Très-haut et très-illustre seigneur, Monseigneur Anne-Léon, duc de Montmorency, premier baron de France, et premier baron chrétien, — chef des noms et armes de sa maison... maréchal des camps et armées du Roy, menin de Monseigneur le dauphin défunt, — connétable héréditaire de la province de Normandie, *rue Saint-Marc*, paroisse Saint-Eustache :

Et très-haut et très-puissant seigneur, Monseigneur Gabriel - Louis de Neufville de Villeroy, duc de Villeroy, pair de France, chevalier du Roy, lieutenant général de ses armées... *rue de Bourbon*, paroisse Saint-Sulpice ;

Qui ont signé avec nous, Vic. — Signé : le duc de Mont-morency, — le duc de Villeroy, — et Monsaint, vic.

VI

ACTE DE DÉCÈS D'AMÉLIE DE BOUFFLERS
DUCHESSE DE LAUZUN

(9 Messidor an II — 27 Juin 1793)

Extrait du Registre des décès de la Municipalité de Paris. An II

Du onze Messidor, an deuxième de la République, **acte de décès de Amélie Boufflers**, du neuf de ce mois, âgée de quarante-trois ans, veuve du cy-devant duc de Biron, native de Paris.

Vu l'extrait du jugement du Tribunal Révolutionnaire, et du procès-verbal d'exécution, en date du neuf de ce mois.

Signé : OFFICIER PUBLIC.

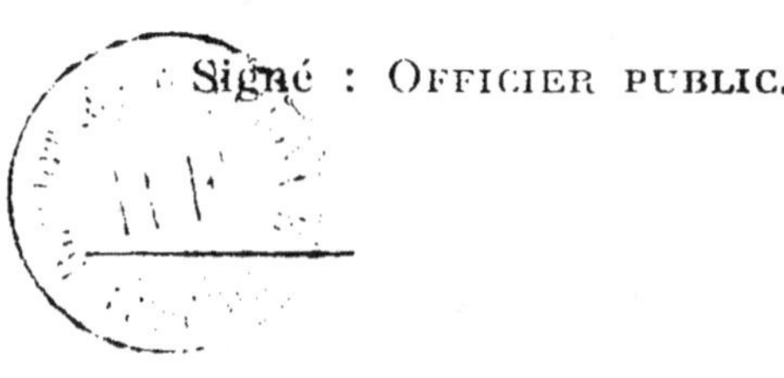

TABLE DES MATIERES

CHAPITRE PREMIER

LA DUCHESSE DE BOUFFLERS

CHAPITRE II

LA MARÉCHALE DE LUXEMBOURG

Chapitre V

CORRESPONDANCE DE LA MARÉCHALE
ET DU MARÉCHAL DE LUXEMBOURG
AVEC JEAN-JACQUES ROUSSEAU

Pages

Chapitre VI

VOLTAIRE. — LA MARÉCHALE
JEAN-JACQUES ROUSSEAU

CHAPITRE VII

L'AUTOMNE DE LA VIE

CHAPITRE VIII

LE TESTAMENT DE LA MARÉCHALE

CHAPITRE IX

LES PORTRAITS DE LA MARÉCHALE

Portraits anciens : Un des plus remarquables est attribué à Lancret, il fut peint lorsque la future Maré-

Imprimerie du Commerce, 3, rue Saint-Maurille, Angers